新入社員に贈る一冊

編者の言葉

人間は、なりたいと思う職業に、必ずしも就職できるとは限らない。ある調査によると、百人の成功者について調査したところ、自分が希望する職業につくことができて、しかもその職業で名を遂げたという人は二〇％であったという。成功者でさえもこのとおりである。まして私ども平凡人の場合、なかなか思ったとおりに就職できないのが普通である。もしもあなたが希望どおりの会社に入社できたとしたら、それは大変な幸せである。

何年か前に、「数学のノーベル賞」と呼ばれるフィールズ賞が京都大学教授の森重文氏に贈られた。受賞の対象となった「代数多様体の研究」というのは、三次元の代数多様体の「極小モデル」を証明したものだそうだ。大変難解な理論で、教授自身「私の研究を本当に理解してもらえるのは、世界で十人程度でしょうか」と新聞で語っている。

ここにあえて森教授を引き合いに出したのは、彼が科学者の道を志すようになった契機が、ファーブルの『昆虫記』という一冊であったからである。古来、一冊の書物が一人の読者の運命を決定づけたり、ときには自殺に追いやったりした例もある。今日は映像化社会であるといわれるが、それでも読書が青年の人生に大きな影響を与えていることも否定できない。

映像化社会であればこそ、新入社員諸君に対しては、なお一層の読書をおすすめしたい。会社員として伸びるか伸びないかは、その人の勉強と努力にかかっている。単なる世わたりの技術だけでは、目先の出世さえ、おぼつかないであろう。会社員として伸びていった人は、必ず読書した人であるといっても過言ではない。あなた方の会社の社長さんをみてごらんなさい。ほとんどが優れた読書人であるはずだ。

私どもが、ここに『新入社員に贈る一冊』を贈るゆえんである。筆者群はかくのとおり多彩である。いわゆる著述業者や学者、評論家に限らない。文化人、芸術家、芸能人、経営者、組合リーダー、弁護士に及んでいる。

もちろん筆者が多方面にわたり、多彩であるから良書である、とは必ずしもいえない。問題は、多彩な分野において、それぞれの一流人が執筆しているかどうかでである。いや一流人が顔をならべているだけでは、単なる顔見せにすぎない。それらの筆者が力をこめて書いてくださっているかどうかである。

いくら筆者が立派で、内容が優れているとしても、読者の理解力がなければ宝のもちぐされであろう。人生において読書が果たす役割は大きいが、会社においても、特に新入社員にとって、書物は大切な心の糧となるものと思う。

編　者

※本文中の書籍の価格は本体価格です。

新入社員に贈る一冊　目次

II

IV

表紙カバーデザイン――林　一則

I

上橋菜穂子 作家・川村学園女子大学特任教授

『ともしびをかかげて』ローズマリ・サトクリフ著

社会が激動してしまったために、辛い目に合ったとしても、人はみな、なんとか生きて行かざるを得ないのです。

長い学生生活を終えて、さあ、大人の世界への第一歩を踏みだしていこう！　と思っている方々へ、私がお薦めする本は「児童文学」に分類されている物語、『ともしびをかかげて』（文庫、上下巻、上二六九頁、下二五八頁、各六八〇円、岩波書店）です。

なぜ、児童文学？　と思われるかもしれませんが、気になるようでしたら、まあ、読んでみてください。読み終えたときには、物語から響いてくる、ずっしりとした何かが身体中に満ちて、この本が、何に分類されているかなど、まったく問題ではなくなるのでは、と思います。

うえはし・なおこ　文化人類学専攻、アボリジニを研究。平成元年「精霊の木」で作家デビュー。「精霊の守り人」野間児童文芸新人賞、産経児童出版文化賞受賞。「狐笛のかなた」（野間児童文芸賞）。近著に、「物語ること、生きること」「明日は、いずこの空の下」「鹿の王」ほか。二十六年国際アンデルセン賞作家賞受賞。

『ともしびをかかげて』は、ローズマリ・サトクリフというイギリスの作家が描いた歴史物語で、ローマ帝国が、属州にしていたイギリス（現在の「イギリス」ではありませんが、便宜上ここではイギリス、としておきます）から撤退していき、代わって、北方からサクソン人が侵入してくる、激動の時代の物語です。

主人公は、若いローマ兵。温かい家庭に育ち、妹をいつくしみ、父を尊敬する若者で、充実した日々を送っていたのですが、ある日突然、イギリスに駐留しているローマ兵士全員に、ローマへの帰還命令が下ります。

ローマ兵なら帰還命令に従って当たり前、と思われるかもしれませんが、ローマ軍はなんと、四百五十年間もの長期にわたってイギリスに駐留していたのです。当然、多くの兵士たちは、正式な婚姻を結ばずとも、イギリスの人々と血を交え、家族となって、イギリスを故郷として生きてきたのです。

イギリスで生まれ、うす青いイギリスの空を故郷の空として暮らし、ローマなど見たこともなかった多くのローマ兵にとって、イギリスを捨て、ローマへ帰還せよ、という命令は、故郷を捨てよ、というのと同じことでした。しかも、北方からサクソン人がどんどん侵入してくる時代です。見たこともないローマのために、故郷を捨て、家族親族を見捨てて生きよ、という命令がどれほど辛いものであったか……。

この物語の主人公は、ローマ兵としての誇りを捨て、軍規を破り、脱走して故郷に残ることを選ぶのですが、そこから、凄まじい日々がはじまります。よく「過酷な時代の波に翻弄される」といいますが、自分が何かしたから辛い目に合うなら、まだ自業自得と思えるでしょうが、社会が激動してしまったために、辛い目に合う、というのは、なんともやりきれず、腹立たしく、虚しいものです。

でも、現実には、どんな時代でも、どんな社会でも、人は「そういう目」に合わされるもので、結局、人はみな、生まれ落ちた時代の、生まれ落ちた社会の中で、なんとか生きて行かざるを得ないのです。

ローマ時代に生きた若者が、闇の中でも、ともしびをかかげながら、どんな風に歩んだか。——ぜひ、読んでみてください。

與那覇潤

日本史研究者

『エイダ』山田正紀著

もし、あのとき違う選択をしていたら…。その地点を思い出せるかぎりで、人間には「自由」がある。

就職活動をまともにせず、会社に入ったこともない私が、新入社員のみなさんに本を贈るというのもおかしな話かもしれません。正確には大学三年生の年度末、一社だけエントリーシートを書きました。しかしそれを記入しながら、この作業をずっと続けるのは難しいかなと思ったことと、当時慕っていた先生がかねてから進学を勧めてくださっていたのとが相まって心を決め、リクルーターからの電話に「大学院をめざすことにしたので、就活を断念する」旨を伝えました。

いまの仕事に就いたのも偶然です。博士課程の終わりごろ、同じ学年で親しくしていた院生が早々と地方大学に就職を決め、「応募書類を書く練習になるから、公募

よなは・じゅん　昭和五十四年生まれ。東京大学教養学部超域文化科学科卒。同大学院総合文化研究科地域文化研究専攻博士課程単位取得満期退学、博士（学術）。日本学術振興会特別研究員等を経て現在、愛知県立大学日本文化学部歴史文化学科准教授。専攻は日本近現代史。著書「翻訳の政治学」「帝国の残影」「中国化する日本」など。

には出してみたほうがいいですよ」とアドバイスをくれました。相変わらず慣れない手つきで自己アピールを書き、目についた公募先に送っていたところ、博士号の取得と前後して常勤職に採用していただけることになり、三年任期だった当時のポスト（日本学術振興会特別研究員）を半年で辞めて着任しました。

いまもふと、あのとき違う選択をしていたら、という気持ちが頭をよぎることがあります。そのまま大学四年生になっても就活を続けていたら、常勤職の公募に出さずに（二年度目からは海外で研究しようと考えていた）研究員を続けていたら、あるいはそもそも、それらの判断のきっかけになった恩師や友人の一言がなかったら…。

いま世界で最も本が売れる歴史家との評もあるニーアル・ファーガソン氏が、「アメリカ独立がなかったら」「ヒトラーが勝っていたら」などの問いを仲間とまじめに議論した初期の編著Virtual History: Alternatives and Counterfactuals（『仮想歴史学—異なる選択肢と反事実的思考』。原著一九九七年）で述べているように、「歴史にifはない」というのは俗論です。たった一人の人生においておや、だれにでもこれだけのifがある。だとすれば膨大な数の人々が紡ぐ生の連なりあいにほかならない歴史に、どうしてifのないはずがありましょうや。

山田正紀氏のSF大河小説『エイダ』（文庫、五二五頁、七四〇円、早川書房）には、私の大学入学の年であり、同書が文庫に入った一九九八年に出会いました。人生を問い直そうとする会社員やその妻たちの振る舞いが、選択次第で可能だったかもしれない並行世界（パラレルワールド）の生滅をめぐる争いに変換される形で、かたや宇宙論を賭けた人間と異次元生命体との闘いになり、もうかたや古代ペルシヤでのゾロアスター教発生以降、人類が常に向き合ってきた風景として描き出される。キャンパスの読書サークルで、その年のベストワンに推したことを覚えています。

「あなたには無限の可能性がある」などと言われるとかえって鼻白むという経験は、よほどの自信家でもないかぎり、みなあるところでしょう。しかし、「あなたには他の可能性もありえた」という事実は、いかなる歴史の必然論によっても消し去ることはできない。むしろ自らの過去を振り返り、そのような「他でもありえたかもしれない」地点にまで戻るための技法として歴史（学）はあり、そして、その場所を思い出すことができるかぎりで、いまあなたがどこで、いかなる仕事をしていても、人間には「自由」というものがあるのだと思います。

石倉洋子
一橋大学名誉教授

『ウェブで学ぶ』梅田望夫・飯吉透著

これからの社会は個人にとって無限の可能性が開かれています。ウェブの波に乗って、新しい時代への航海を始めましょう。

これからみなさんが歩み出す実社会は、「変化が日常」「オープンな世界」「個が輝く社会」そして「常にバージョン・アップが不可欠な世界」です。これまでとはまったく様変わりした時代環境なので、未来は予測することができませんし、想像もできない出来事が次々と起こる可能性があります。しかしだからといって、不安や恐怖にかられて内向きになる必要はありません。新しい時代は、個人にとって無限の可能性が開かれている社会だからです。

情報通信技術の発展、なかでもウェブの進化によって、「先の見える世界」は死語になりつつあります。今の経済危機が収束したら、昔のように安定した世界に戻る

いしくら・ようこ　上智大学外国語学部卒業、バージニア大学経営学修士、ハーバード大学経営学博士。マッキンゼー社、青山学院大学教授などを経て現職。富士通ほか社外取締役、世界経済フォーラム・フェロー。著書「戦略シフト」「世界級キャリアのつくり方」ほか。

のではないかという考えは幻想であり、根拠のない希望的観測にすぎません。力関係が刻々と変わる最近の世界政治や、従来の理論では説明できない世界経済の状況をみると、「変化が日常」の傾向に拍車がかかりそうなことはおわかりでしょう。

また世界のどこからでも商品を買えること、エレクトロニクス、出版、音楽など複数の業界にまたがったiPadなどの製品が多数登場していること、パートタイムや数々の外部の専門家が企業の重要な活動に日々参画していることを思えば、国境、業界、企業といった、分類や分析の枠組みとしてこれまで意味をもっていた「境界」が消滅しつつあり、世界がオープン化していることも明らかです。

境界の意義が薄れてくると、「個」の力の重要性が増してきます。ブランド企業の正社員になったからといってそこに安住しているわけにはいきませんし、逆に希望する企業に入社できなかったからと落胆する必要もありません。二十一世紀に勢いをもつのは、力をもった「個」なのです。

では二十一世紀に通用する「個の力」とは何でしょうか。それは、小さなチップに集積できたり、検索エンジンであっという間に得られるような情報や知識ではありません。自分のいる小さな世界にとどまらず、常に広い世界を起点として物事を考え、今まで見たことのない問題を見極め、周囲を巻き込みながら、解決案を実行していく力です。また「変化が日常」の時代には、常に個の力をバージョンアップしていくことが必要です。新しい能力や知識を得たり、新しい理論を学び、ある一時点で成果をあげたとしても、刻々と急激な変化が起こる中では、知識や理論はすぐに陳腐化してしまいますし、すばらしいイノベーションもすぐ世界に知られてしまいます。そこで、常に自分の力を「更新していく」姿勢が必要なのです。

「輝ける個」への要件の背景には、「学び続けることのできる」力があると私は考えています。そして個が学び続けるために何をしたらよいか、について大きな示唆を与えてくれるのが、『ウェブで学ぶ』（新書判、二七二頁、八二〇円、筑摩書房）です。

本書を読めば、ウェブが過去から現在に至る知識の宝庫であり、ウェブを用いれば世界最高の講義、教材、理論に触れることができること、どこにいてもだれでも場所や時間の制約を超えて世界にある膨大な知的資産から、「好きなことを、好きなやり方で、好きなだけ」学べる世界が広がりつつあることがわかります。

また、これまでは生まれ育った場所や身近な環境に制約され、幸運に頼らざるをえなかった、尊敬できる師との出会いや志を同じくする仲間との協働が可能になり、そしてＳＮＳなどを通じて学んだことを職につなげ、生計を立てる道が個人に開かれる可能性が示されています。まさに個が輝く時代のバイブルともいえるでしょう。

本書で語られるオープン・エデュケーションとは、「一人ひとりに無限の可能性を開く次世代の教育環境」です。その取り組みはアメリカをはじめとして十年以上前から、知識資産をパブリックなものとして、世界に無料で公開し、すべての人に役立つようにしようという壮大なビジョンと志のもとに進められているものです。本書では、オープン・エデュケーションの背景、テクノロジーやコンテンツにとどまらず、いかにしたらわかりやすく学びやすい環境をつくることができるか、というナレッジの分野における試行錯誤や実験が紹介されています。

さらに、自分の人生を切り開く道具としてウェブを使ってみよう、ウェブで学ぼうという気になったみなさんが実際、次に何をしたらよいのか、すぐ実行に移せるように多数のウェブサイトが紹介されています。ウェブの世界を探検し、自分の興味に合わせて、今すぐ世界で公開されている知識資産にアクセスし、自分なりに学ぶスタイルをデザインする一歩が踏み出せるのです。こんなにすばらしい可能性を開いてくれるウェブでの学びの世界にあなたも一歩踏み出してみませんか。

猪木武徳

青山学院大学大学院特任教授

『カラクテール―当世風俗誌』ラ・ブリュイエール著

人間の心にかかわる真実を鋭く言い当てた書物。どこから読んでもいいし、一部だけを何度読んでもいい。

人は組織の中で働くことによって多くを学ぶ。人も組織も、その組織を取り巻く外的環境も複雑だ。おそらく書物を通してよりも、人と直接接することでこの複雑さ、奥深さを知るのではなかろうか。学べば学ぶほど、わからないことが次から次に生まれてくる。何かを知ったから、その分、未知の部分が減るということもない。

にもかかわらず、われわれは日々直面する問題に判断を下し、行動し続けなければならない。「一切不可解」として沈思黙考を続けることは許されないのだ。しかし判断や行動を自省するとき、先人の智恵が頭をかすめ、「ああ、このことを言っていたのか」「あの言葉の意味はこうだったのか」と気づくことによって、励まされ、慰

いのき・たけのり　昭和二十年生まれ。京都大学経済学部卒業、マサチューセッツ工科大学大学院博士課程修了。大阪大学教授、国際日本文化研究センター教授などを経て現職。著書「戦後世界経済史」「大学の反省」ほか。

められることがある。この実感が、読書が血となり肉となる、ということの意味なのだろう。

そんな読書として記憶に残るものに、人間の心にかかわる真実を鋭く言い当てたモラリスト、ラ・ブリュイエールの『カラクテール—当世風俗誌』（関根秀雄訳、文庫、三巻、二〇〇〜二八三頁、上・中六六〇円、下五〇〇円、岩波書店）がある。「お互いに小さな欠点をゆるし合う気分がなければ、人は友情を完うすることが出来ない」というラ・ブリュイエールの言葉はしばしば引用される。こうした彼の人間観察の全貌を知る書物が、この『カラクテール』なのだ。

フランスの「モラリスト」とは、十六世紀から十八世紀に断章や箴言などの形式で人間について語ったモンテーニュ、ラ・ロシュフコー、パスカルなどの一群の著作家を指す。ラ・ブリュイエールはそのひとりだ。モラリストという言葉には、今日の「道徳家」という意味はない。徳目を並べたて、「人間こうあるべきだ」と押しつけがましく説くのではなく、「人間の精神はこうなのだ」と、率直に、しかしユーモアを込めて指摘をする。「これを知っておくと、善く生きることができますよ」という現実的なヒントを暗示するのがモラリストだ。

同じモラリストのラ・ロシュフコーの『箴言』は鋭すぎてペシミズムだけを煽ることがある。パスカルの形而上学はときに難解にすぎる。しかしラ・ブリュイエールの『カラクテール』は『人さまざま』とも訳されたように、十七世紀末のフランスの文藝、風俗、社会、宗教を冷徹に語りながらも、人間心理の淵に迫る。ラ・ロシュフコーほどには強い毒がなく、滑稽さを忘れないところに救いがある。

確かに、短い文章で人生がわかったような顔をするのは軽佻浮薄のそしりを免れないかもしれない。アフォリズムのたぐいは生兵法となるおそれがある。しかしフランスのモラリストの味わいは別格だとわたしは思う。

『カラクテール』は総計一千前後の文章からなるが、どこから読んでもいいし、一部だけを何度読んでもいい。現代では、「恋愛」や「友情」について論じた書物は少なくなった。先に引用したラ・ブリュイエールの文章の一つ前にある、次のような「友情」にふれた文章が目を引く。「友人間の交遊の快楽（たのしみ）は、情操の上でお互いの趣味が類似していることによって深まるが、学問の上で多少意見を異にすることによって益々深まる。そういう相違があると、人は己の意見を固くするからである。論争によって練られ且つ教えられるからである」（第五章61）。

藤重貞慶 ライオン会長

『川は生きている』ほか（自然と人間シリーズ）富山和子著

日本と日本人のアイデンティティを理解し、小さな勇気をもって世界を変える大きな一歩を踏み出してほしい。

ふじしげ・さだよし
昭和二十二年生まれ。四十四年慶應義塾大学商学部卒業後、ライオン油脂（現ライオン）入社。平成十六年代表取締役社長、二十四年より現職。二十二年公益財団法人ライオン歯科衛生研究所理事長に就任。

二十世紀は、モノが豊かであることが幸せであるという価値観の時代でしたが、今、この二十世紀型の「幸せの方程式」が変化しつつあります。二十一世紀に入り、多くの人が、モノやお金ではなく心の豊かさが大事であると気づき始めました。

心の豊かさとは、将来に対して明るいイメージをもつことができるということです。現在の不満を解決すること以上に、将来の不安を解消することが、より大事になってきます。社会経済がグローバル化し、環境、食糧、資源、貧困、財政、金融問題などのさまざまな世界連鎖的な制約条件があるなかで、心豊かなライフスタイルを築くにはどうすればよいのか、富山和子さんの『川は生きている』『道は生きている』『森は生きている』『お米は生きている』『海は生きている』の自然と人間シリーズ（A5判、一〇二～一四二頁、一二〇〇～一四〇〇円、講談社）は、そのヒントを与えてくれます。

『川は生きている』では、多くの恵みと同時に災害ももたらす川と日本人がどのようにつき合ってきたのかを、『道は生きている』では、かつての並木道という社会システムを通じ、日本人がいかに人にやさしい社会を形成していたかを、『森は生きている』では、人が生きていくために必要な土を大地にはりつけておく役割を担う森の大切さを、そして、『お米は生きている』では、農業の歴史を通じて、二十一世紀のもっとも重要な資源は水と土であることを、また、『海は生きている』では、歴史という時間の積み重ねと、山と川と平野という大地の拡がりのなかで、自然の循環をトータルにみることの大切さを教えてくれます。

このシリーズのテーマは一貫しており、水と緑と土は一体であり、長い年月をかけてそれらを育んできたことが、日本の豊かな国づくりの大もとになってきたことをわかりやすく説いています。三十年以上も前から続くこのシリーズは児童書ではありますが、企業活動や社会生活を営むうえで、環境や資源などの問題を避けて通れない今こそ、このシリーズが訴えかける、自然との共生とはどういうことか、深い理解が得られるはずです。いずれも自然科学と社会科学を結びつけて物事の本質に迫るものですが、この本なら短い時間で読むことができます。それでいて普遍の価値観を醸成してくれる、大変深みのある本であると思います。

これまで長い時間をかけて自然とうまくつき合ってきた日本は、世界に向けて、何か伝えられることがあるのではないかと、改めて深く考えさせられます。

環境問題を、単純に自然科学の見地から語り、自然を昔に戻せばいいという話ではありません。昔と同じ豊かな水や緑、土だけで、現在の一億二千万もの人を養うのは困難でしょう。自然と共生をしてエネルギーや食糧などの恵みを受けつつ、新しいコンセプト、新しい技術で、人間本来の生き方を模索していくことが、二十一世紀の幸せの方程式の解に、そして社会の発展につながるのだと思います。

これから社会に出ていく若い人たちには、ぜひこのシリーズを読んでいただき、日本と日本人のアイデンティティを理解し、積極的に海外に飛び出していってほしいと思います。そして自分の頭で徹底的に考える力を身につけ、小さな勇気をもって、世界を変える大きな一歩を踏み出すことを、心より期待しています。

佐藤良明 文明評論家

『知的な英語、好かれる英語』田村明子著

どうだろう、あなたも英語学習の照準を「相手がニッコリ満足する」あたりに持っていっては？

さとう・よしあき　昭和二十五年生まれ。東京大学教授職を早期退職後はフリーの立場で文学、思想、音楽、映像を論じつつ、NHK英語講座などを通して英語教育改革に取り組んでいる。著書「J-POP進化論」ほか。

学生時代は単位が取れればよかった英語が、就職したとたん、TOEICで何点取れとか脅かされて焦っているみなさんに、良書を一冊紹介したいと思った。今の世の中、英語学習の本は、雪崩のごとく出版されるので、良書に出会う確率が低下している。導きを誤ると、一生の損をするので気をつけたい。

悪書の見分け方はわりと簡単で、「三カ月でこんなに」とか「聞き流すだけで」とか、英語なんてやり方しだい、と誘いかけるものはまずいけない。対照的に、「達人」とか「極める」とかの言葉を使って、英語の道は至難であるが、完璧に向けて一歩一歩進むところに人生の幸福がある、みたいな気持ちにさせる本もいけな

い。「魔法」を売り込むのは詐欺だし、たかが言葉のことで、道場通いを指南するというのも不健康だ。イルカの言葉じゃあるまいし、ふつうにきちんと練習すればしゃべれるようになるんです――みたいな、明るいトーンの本を推薦したいと思って、探しに行ったらすぐに見つかった。

田村明子さんのこの本で素敵なのは、どうしたら相手に好かれるかを考えようというスタンスだ。コミュニケーションで一番大事な、好関係の維持。それにはこういう点に注意したらいかがでしょうと、いわば「人情の論理」から英語の世界に入っていくので、話が「言語の違い」にいかない。違うのは習慣であって、英語の習慣も、ほら、こう考えるとスッキリしませんかと、常に理性の側に立つ。

目次には「交際術の鍵を握る名前の呼び方」「交渉に必要なSocial Skills」「知っておいて損のないエチケット」……と、これだけみると、まるで社員教育の教科書のようだけれども、それも納得。経歴を見ると、田村さんは若いとき――今もまだ若いのですが――アメリカに渡り学校を出てから、米日にまたがる仕事社会で、人間関係と言語表現に長けていないとやっていけない仕事をこなしてきた。こういう時にこういうことをこういうふうに言った、そのことで辛い思いもしただろうし、勝利の瞬間もきっとたくさん味わったろう。英語について学問的に論考して「偉く」なっただけの人とはレベルの違う実力をもって、偏見なしに言葉を語る。

書かれていることは常識的だ。「きれいな英語に聞こえる秘訣」という章では、口をちゃんと開けなさい、ゆっくり・はっきり話しなさい、ポイントはイントネーションです、いい加減なことをいうなら沈黙していた方が信頼されますよ……と、ふつうの言葉で、ぼくらの気負いをほぐしてくれる。

ここには書かれているのは、国際社会で通じるあなたになるための基本である。通じるあなたというのは、英語で話す人たちと同じ感覚を共有するあなたである。特段に英語に強い必要はない。むしろ、英語的に腰が低くて、英語の中によろこんで受け入れられるあなた。英語で世界に微笑みかけることができるあなた。

日本では今も英語を「征服する」とか「攻略する」とか、まるで敵軍を相手にしているかのような言い方が氾濫している。あるいはいつか「ものにしたい」と、まるで性的対象ででもあるかのように語る言説も生き残っている。もういい加減、ぼくらが短足で団子鼻だったころの、文化的劣意識は捨て去ろう。英語をしゃべることへの自意識をしずめよう。別に赤面するような相手じゃないのだ。

女性はその点、気負いが少なく、ゆえに上達がはやい。女性に見習うべきである。繊細な知性と気配りをもち、いま相手がどんな気持ちかを考えながら、揺れ動く関係性の中にしなやかに自分を織り込んでいく――女性であれ、男性であれ、こうした資質が現代のビジネス・パーソンには欠かせない。いまの職場は、人とマシンとが一体化して生産性を上げなくてはならないデリケートな空間である。もはや昔日の好戦的な男性原理は邪魔になるだけ。猪突猛進とか一所懸命とか（ついでに言えば座右の銘とか）、それら重工業時代の美学に重なる「デーンとしたもの」はお呼びでないのだ。

どうだろう、男性のあなたも、英語学習の照準を「相手がニッコリ満足する」あたりに持っていっては？　そしてそれをそのまま仕事人生の照準にしてみては？　達人生きるということは、ある意味で英語と同じ。とっておきの攻略法はないし、達人をめざしても仕方ない。心と心のデリケートな通じ合いが肝心で、これが、ほんと、ものを言うのだということは、ボノボもゴリラも、高等な動物たちはみな知っている。ＩＴ時代のニュー・エイプたるぼくらとしても、忘れずにいたいものだ。

（新書判、二一一頁、六八〇円、日本放送出版協会）

前田知洋 クロースアップ・マジシャン

『和の美をめぐる50の言葉』木村孝著
美も人間も、本質は伝統の中に隠されている。
伝統は「いま」を生きるガイドラインとなる。

人生とは不思議なもので、人は自分が想像しているよりも偉くなってしまうことがある。それは、何の努力もせずに過ごしていたら、いきなり昇進したという意味ではない。目の前の仕事を一生懸命にこなし、その成果に喜び、ときには挫折もする。しかし、ふと気がつくと責任ある立場に就いていたというのは、そんなにめずらしいことではないような気がする。

重要な立場に就いたときに、大切なのは「美意識」だと思っている。アメリカの鉄鋼王、アンドリュー・カーネギーは晩年、「ただの金持ちというだけで死ぬのは、不名誉なことだ」と語った。

まえだ・ともひろ　昭和四十年生まれ。東京電機大学通信工学科卒業。イギリス王室のチャールズ皇太子もメンバーであるロンドン・マジック・サークルのゴールドスター・メンバー。著書「知的な距離感」ほか。

美意識などの感性は、付け焼き刃では育まれることはない。できるだけ、若いうちから感性を磨き続けることが必要だ。そういった意味では、『和の美をめぐる50の言葉』（A5判、一二七頁、二二〇〇円、アシェット婦人画報社）は新入社員にはぴったりだといえる。現代の生きる「和の美」について、二十一世紀らしい感覚とシンプルな言葉で語られている。書棚において、毎年の季節ごとに頁を開き、テクストから受ける自分の感性が歳を重ねて変化するさまや、気がつかなかった発見をするのもいい。鞄の中に入れておき、なにかの折に眺めるだけでも心の澱《よど》みがなくなるはずだ。

この本には「日本について、これだけは知っておいてほしいこと」が厳選して語られている。英訳文も付けられているので日本人だけに向けて書かれているわけではない。得意な方は英文で読めば、英語のブラッシュアップだけでなく、外国語という異文化のフィルターを通して、日本の文化を客観的に再確認する機会になる。もちろん、オリジナルの日本語の本文も美しく、清々《すがすが》しい。

美意識を身につけるのに時間がかかるのは、樹の幹が太くなるのに年月がかかることに似ている。そして、ある程度の太さのある樹の幹は、力強い根をともなう。

根がしっかりしていれば、強い風が吹いてもそんなに心配することはない。それは組織においても同じことだ。マニュアルやハウツー本の類いは、人間や組織としての枝葉を急成長させるのには役に立つかもしれない。しかし、どんなに樹が大きくなろうと、バランスよく美しく枝葉を伸ばし、なおかつ、根がしっかりとしていなければ案外に脆く倒れてしまう。

マジシャンとして、海外に出ると「日本から来たのなら、きっと素敵なマジックをするに違いない」といわれることがある。マジックをはじめた頃は、ショービジネスの本場は向こうだと信じていたので、はじめてその言葉を聞いたときは、少し意外な感じがした。しかし、そんな人たちと深く語り合うと、彼らが評価するのは、普遍的な日本の美が内在する切実さや誠実さの精神だということに気がつかされる。つまり、過去の日本人の美意識から、私たちは恩寵《おんちょう》を受けていることになる。

表面的な華やかさだけを取り繕うことをよしとしないのは、西洋も東洋も変わりはなく、時代を超えて共通することだ。「美」も「人間」も、本質や秘密は伝統の中に隠されている。伝統を守るとは古いことにとらわれることではない。世界を見据え「いま、ここ」を生きる上での信用あるガイドラインになる。たとえば「紋付」について、著者は「紋は、家や会社などのいわばロゴである。ものの神髄をシンプルにデザイン化し、意味をこめる。日本が誇る「デザインの宝庫」」と語る。

最近では紋付を目にする機会もあまりない。ましてや、紋付に袖を通す経験をする人はさらに少ない。だからといって、「紋」がなんであるか知らないことや、それを身にまとう人の気構えを察せないことがいいことにはならない。ときに人々は革新的であること、伝統を捨てることをもてはやす。ルールを破ることが、なんとなく格好がよい行為にみえる。若ければなおのことだ。しかし、「自分が捨てようとしているものの価値を理解していない」というのは愚かな行為だ。著者が「宝庫」と表現したように、伝統の多くが財産であることを見抜く力も、また美意識だ。

古いものを継承するという部分では、伝統と本は、肩を並べて歩く男女に似ているかもしれない。未来を生きるヒントは過去のなかに隠されている。日本の伝統の「美意識」を読み解くだけでなく、知らずのうちにロマンチックになってしまうこと、そんな副作用があることが、この本を薦める秘密の理由でもある。

養老孟司 東京大学名誉教授

『方丈記』 鴨長明著

いずれの時代にも人は真剣に生きた。この時代の人たちを知ることは、われわれを知る上にも大切である。

大学の新入生や、ともかく「新入」と名のつく人には、とりあえずこの本をすすめることにしている。ほとんどの人は、この本の初めのところだけ、教科書で読んだはずである。この本は昔のことばで書いてあるが、西洋人の書いたものと違って、長くない。全部読んでも、たかが知れている。

なぜこんな古臭い書物をすすめるか。古いといっても、近年の作家が『方丈記』を読まないわけではない。たとえば堀田善衛である。もっとも堀田善衛自身も、いまの若い人は知らない可能性が高い。どんな人かといえば、要するにおよそ「正直な」人である。そういえばいいかもしれない。小説家はしばしば、感情に流れやすいところがあるように思う。この人にはそれが少ない。堀田善衛は、『方丈記私記』

ようろう・たけし　昭和十二年生まれ。東京大学医学部卒業。以後、同学部にて解剖学を専攻。東京大学教授を経て現職。著書「三人寄れば虫の知恵」「身体の文学史」「臨床読書日記」「唯脳論」「バカの壁」ほか。

という本を書いた。

戦争中のことである。昭和二十年の三月十日に、東京大空襲があった。この時に下町がほとんど焼けた。当時、堀田氏は二十歳、恋人が下町に住んでいたという。下町が火の海だと聞いて、堀田氏は心配のあまり、火事を見にいく。この火事で恋人は死ぬ。ただ、この時にみた火事の光景が、やがて堀田氏の頭の中で、『方丈記』に書かれる都の大火の記事と、いつの間にか重なっていくのである。『方丈記』の記述に関する堀田氏の意見は、『方丈記私記』を読んでもらえばいい。私がいいたいのは、また別なことである。

鴨長明は鎌倉時代の人である。いまの人は昔のことをバカにする。これは人間の常だから、仕方がない。しかし、鎌倉時代の仏教、親鸞の浄土真宗、道元の禅宗、日蓮の日蓮宗は、日本固有の仏教である。しかも、いまでも生き続け、その命脈を保っている。現代人の思想が、はたしてこれからの七百年を生き延びるか。

『方丈記』の記事をよく読んでいただきたい。京の都の空気が、死体のためにくさい、とある。当時は、戦乱、飢饉、大火があった。都にあまりにも多く死体が転がっているので、仁和寺の隆暁法師が、死人を成仏させるために、額に「阿」の字を書いていったとある。左の京だけでその数、四万二千三百。

現代人は死人をみない。わずかにみるとすれば、両親や祖父母の死である。それも、死の直後であるから、じつはとても死人とはいえない。私が解剖学を専門にしていると知ると、多くの人が「先生には人間がモノにみえるでしょう」という。こういう人には、私はこう答えることにしている。

「あなたの親が死んだら、一ヵ月間、死体をそのまま庭に放って置いておいてくれ。それからもう一度、その質問をしてくれ」

鴨長明の時代の人には、この質問も十分に実際的だった。この時代に描かれた絵画に、「九相詩絵巻」や「六道絵」がある。いずれも、人が死に、死体が腐敗して、最後に白骨となっていく様子を、実写したものである。こうした絵こそ本来、『方丈記』の挿絵となるべき絵なのである。この書物を単なる美文の集積と考えるべきではない。

『方丈記』の書き出しを知らない人はあまりないであろう。たいへん調子のよい美文である。しかし、当時はまだ、ことばが聴覚言語の傾向を強く残していたのである。それはたとえば『太平記』により明瞭に表われている。それにだまされてはならない。

聴覚言語は、耳に語りかけるものだから、そうむずかしいことばは使えない。その代わり、朗読や記憶に向いている。視覚言語に慣れた人は、聴覚的な文章を、それが平易な表現であるために、「考えが浅い」ととる傾向がある。『方丈記』の書き出しは、その典型であろう。しかし、そこに含まれる思想は、そう単純なものではない。ただ、現代人がそれを読むと、なんだこの程度のものか、と思うのではないか。現代の有名な著作家でも、そう書く人がある。私は、その意見は違うと思っている。

鴨長明の時代には、哲学などというものはない。だから、抽象的なことばは、仏教の用語を除けば、ほとんどない。だから表現は一見やさしい。しかし、内容はそう単純ではない。いずれの時代にも人は真剣に生きたし、人に変わりがあるわけではない。そうした時代の人たちの思考、それを知ることは、われわれ自身を知る上にも、大切なことであろうと思う。

鴨長明の時代は、現在の日本と、社会の状況がおそらく対照的だった。そこでは人は容易に死に、死は隠されることがなかった。しかし、その時代に生きた人たちも、同じ日本語を使い、同じ日本人だったのである。それなら、そうした人たちの思考もまた、われわれの「伝統」に含まれているに違いない。この書物から、なんとかそれを読み取っていただければ、と思うのである。

（文庫、一五一頁、五四〇円、岩波書店）

中谷巌　三菱ＵＦＪリサーチ＆コンサルティング理事長

『ザ・ワーク・オブ・ネーションズ』ロバート・ライシュ著
グローバル化が急速に進展する中で、われわれはどのような考え方や能力をもつべきなのか？

二十一世紀は、情報革命が本格的にわれわれの生活に浸透してくる。その結果、国境の意味が形骸化し、グローバリゼーションが加速度的に進展すると考えられる。情報処理能力が小さいと、人間の行動範囲も小さくなる。村落中心の世界に閉じ込められていた人間が国家を意識し、やがてはグローバルな活動を日常的に行なうようになるのは、人間の情報処理能力の飛躍的な向上によるところが大きい。

本書の題名は、アダム・スミスの『ザ・ウェルス・オブ・ネーションズ』（諸国民の富）を意識してつけられている。二百年前に比べて国家の意味が変わり、新しい発想で世界をみる必要が出てきたことを強調したかったのであろう。

なかたに・いわお　昭和十七年生まれ。四十年一橋大学経済学部卒業。ハーバード大学大学院留学、経済学博士。大阪大学教授、一橋大学教授、多摩大学教授などを経て平成十三年多摩大学学長。十二年より現職。著書「入門マクロ経済学」「コーポレート・ガバナンス改革」ほか。

アダム・スミスの『国富論』は、いかなる考え方が国の富をふやすことになるのかということをナショナリズムの枠組みの中で議論している。しかし、経済活動が本格的にボーダレス化し、資本や労働、企業が自由に国境を越えて活動するようになる二十一世紀には、経済をナショナリズムの枠組みの中で議論することはだんだん意味をもたなくなる。

本書においてライシュは、従来の国家を中心に据えたものの考え方や行動パターンがいかにアナクロニズムに陥っているか、現代のようなグローバル化が急速に進展する中で、われわれはどのような考え方をとるべきであるのか、グローバリゼーションの中でいかに個人の能力が重要な意味をもつようになるのかといった諸点について、非常に示唆に富む分析を展開している。

たとえば、世界の大企業は無国籍化しており、その発展は国家の発展と無関係になってきた。この考えに立てば、自国の国籍をもった企業を保護するという伝統的な保護貿易、産業政策の考え方は無意味である。なぜなら、そんなことをすれば、有用な人材や資本、技術などが規制を嫌って外国に逃げていったり、外国から流入しなくなるからである。日本がいま「空洞化」問題で悩んでいるのは、自国中心の発想が日本にはことのほか根強いからであり、また、それを嫌う外国からの対日直接投資が際立って少ないためである。いまや企業の国籍はどこであれ、自国内で付加価値を生み出してくれる企業こそ、自国で雇用を生み出し、経済を発展させる原動力になるのである。国籍はどうであれ、その地域に住む住民にとって、雇用を提供し、新しい知識を生み出してくれる企業こそ、役に立つ企業なのである。

毎日の新聞・テレビの報道やわれわれ自身の発想の原点にあるのは、依然として二百年以上続いてきたナショナリズムの枠組みである。しかし、ナショナリズムの枠組みにとらわれているかぎり、時代とのミスマッチがあるから、時宜を得たおもしろい発想は出てこない。これからの若人に必要なのは、グローバルな発想である。その意味で本書は、ナショナリズム発想にとらわれがちで、グローバルな発想に転換できない多くの人々にとって、新鮮な知的刺激を与えてくれるだろう。

本書に出てくる基本概念でおもしろいのは、グローバル・ウェブとシンボリック・アナリストである。グローバル化した世界では、地球大に張りめぐらされたビジネスチャンスの網の目（グローバル・ウェブ）があり、その網の目を解きほぐし、連結し、大きな事業機会を次々につくり出す人材（シンボリック・アナリスト）こそ、資本力に代わってグローバル企業発展の真の力になる。村落経済から国家経済へ、そして二十一世紀にはグローバル経済に移行するのだから、グローバルな市場を視野に入れた分析能力、人脈、問題解決能力が求められるようになるのは当然のなりゆきであろう。

このような考え方に関連して出てくる結論は、第一に、シンボリック・アナリストのようなグローバルに活動できる人材の重要性である。単に会社の中、日本という国の中だけで評価される人材でなく、グローバルに評価される人材になるということが重要になってくる。第二に、そのようなグローバルに活躍する人材とグローバル化に対応できない人たちの間に発生する所得の二極化現象である。ローカルな場所でのんびりと楽しく生活するという選択肢はたしかに魅力的だが、所得機会は大幅に減少する。

グローバル化した世界では、グローバルに活動できる能力をもつ人が勝者になるという当たり前の結論だが、新入社員のみなさんにはグローバルな世界、グローバルな発想に目を開いてほしいという願いを込めて本書を推薦したい。

(中谷巌訳、四六判、四四五頁、二一三六円、ダイヤモンド社)

荒川洋治 現代詩作家

『店員』バーナード・マラマッド著

小さな店の、小さな歴史。でもそのなかに、どんなに多くの物語があることか。そういうところに触れてほしい。

新入社員――。ことばのひびきはフレッシュである。ぼくも新入社員というものに、一度くらい、なりたかった。できなかった。当時は就職の口がなかったのだ。とある新聞の求人欄にたよって、それでも何とか、小さな出版社に入ることができたが、そのときのぼくは新入社員と呼べるようなものではなかった。たしかにぼくは新入社員だったが、その会社はどこぞの会社の地下室(屋根裏?)にあるみすぼらしいもので、社員は二人しかいなかった。新入社員はぼく一人。新入社員というのは、いっぺんにドッと入ってくるものだが、一人だけこそっと入ってくるのがぼくの新入社員というものだったので、てんで絵にならないわけだ。テレビなどで知

あらかわ・ようじ 昭和二十四年生まれ。早稲田大学第一文学部文芸科卒業。出版社勤務を経て文筆活動に。詩集「渡世」で高見順賞受賞。著書「文芸時評という感想」「文学の門」「日記をつける」ほか。

る、まっさらなスーツを着て、建て物をきょろきょろ見回している新入社員の姿は、ぼくには夢のようなものであった。

さて新入社員にもいろいろあるのだろうが、そんなわけで、会社らしい会社の社員を経験していないぼくは、新入社員というと、どう誤解したかしらないが、とりあえずは店に出てはたらく人、という印象がある。また、会社らしい会社を訪問したことがないので、会社というと、一軒の商店だというふうにしか考えられないのだ。このまずしい来歴と発想から浮かぶのは、アメリカの作家バーナード・マラマッドの『店員』(加島祥造訳、四六判、四二六頁、二八〇〇円、文遊社)である。

舞台は戦前のアメリカ。ユダヤ人がいとなむ、場末の小さな食料品店のお話である。その夫婦だけのその日ぐらしの商店に、一人の〝新入社員〟が訪れる。その青年は以前、金にこまってその商店で強盗をはたらいた前歴の持ち主(まあ、したことはあくどいが就職する前の〝会社訪問〟と考えればいい)。商店主はそれを知るよしもないので、青年は、うまくとり入って、この〝会社〟に入るのである。実際にはたらいて知る、その店の売り上げの少なさ、生活のまずしさ。青年は少しずつ(マヽエがあることだし)居心地のわるさを感じていくのだが、自分の素姓を告白することはできない。店主モリスは自分たちのみじめなくらしに、妻と娘は将来に、青年アルパイン君は自分のしでかしたこと、していることに、めいめい、心のなかでじくじくじくじくじく思い悩むのだが、作家マラマッドは彼らのそれぞれの内面に善意と良心を読みとり、実に、あたたかい、そして深みのある作品に仕上げている。こまかいところもとてもおもしろい。あと一時間は寝ていていいのに、朝の六時にたった三セントの種なしパンをかいにくるポーランド人の女性のために早おきする店主。こういうりちぎな商い。まずしいくらし。人は手をさしのべて救いたくなるだろうが、人間はこうしてやってきたのだと思う。小さな店の、小さな歴史。でもそのなかに、どんなに多くの心の物語があることか。新入社員のみなさんにはぜひそういうところに、触れてみてほしい。

三瀬顕 弁護士

『青年の思索のために』下村湖人著

金なく、頭は並みで、丈夫だけが自慢の青春でした。自分なりに飛躍ができたのはこの本のおかげです。

みせ・あきら　昭和十五年生まれ。中央大学法学部卒業。四十二年弁護士登録。テレビ、ラジオなどにレギュラー出演。著書「手形・小切手法」「他人事ではすまされない「民法」困ったときに読む本」「手にとるように法律のことがわかる本」ほか。

ビックリした。だんだん腹が立ってきた。「君たち、りんご箱を机に使ったり、本棚にしている者が、勝てるものじゃないよ！」

昭和三十六年、中央大学夜学部での法哲学の講義で受けたショックはいまなお痛烈である。

その教授は続けていう。

「慶應や東大の学生をみよ。頭がよくて、金があって、体力がある。三拍子そろった者とは勝負にならない」

他校の教授で、高名な方だっただけに受けた衝撃は激しかった。心ない言葉です。

現実は不可解です。条件が満ち足りておれば油断が生じます。不足があれば情熱がわき起こります。失望することはない。懊悩することはない。単純明快に決断すれば道は必ずあります。なければ、つくればいい。

日中は肉体労働で疲れ果てながらも、情熱と創意工夫で、卒業の翌年に司法試験に合格しました。

私には強い味方がいたのです。

下村湖人先生の『青年の思索のために』（新書刊、二五五頁、八〇〇円、ＰＨＰ研究所）という本です。先生の生き様は『次郎物語』に優れて美しく感動的に綴られています。

冒頭に「人生は不断の出発であります」といわれる。

ところが「いや、人によっては、死こそ、その人にとって最も偉大な出発である」といわれて、ぶったまげる。それは、何じゃと緊張する。失禁するほどに目まいしてしまう。

「ソクラテスが毒盃を仰いでたおれた瞬間のごとき、また、キリストが十字架で息をひきとった瞬間のごとき」たとえようもないほど飛躍的な出発があるといわれる。

みなさんはさめた眼差しでいうだろうか。

「それがどうしたんですか」って。

冗談じゃない。自分の脳みそでシッカと考えてくれといいたい。テレビや週刊誌などのありあまる情報を受け身で楽しむ癖が人々にいつのまにかこびりついてしまっている。

「五つの道」の項に富士山登山をするについての、親子のあり方が記されている。含蓄がある考え方に、いまなお新鮮さを覚える。

こだわらないで、いろいろな方面からものごとを考える幅の広さが必要なことが容易に理解できる。

もう少し、詳しく話せといわれてもいやです。断わります。本は自分で買って、しっかりと読むに限ります。安易に手に入れた情報はすぐに忘れてしまうのだから。

「心窓去来」の項の中で「愛され過ぎた子供」について吐露されている指摘は三十

七年も前にいまの世情を直視されている。

「愛の不足は愛をもって補うことができるが、愛の過多は憎みをもって加減することはできない」といわれ、愛の過多が将来社会に害悪を及ぼすと予見されていた。先生が校門を閉めて生徒を死なせたり、生徒を波打ち際の砂浜に埋めて反省をせまる異常な事態は、親のありあまる愛の子育てと規律を守らせるための憎しみに似た制裁では救いようのないことを説かれている。

さて、みなさんは社会に出て大いに戸惑われたことでしょう。

「社会人としての生活態度」の項で噛んで含めて話されている。

「君がこれだけは当然自分の自由になる時間だと思っていても、それがそうならない場合さえ非常に多い。実社会というところは、学窓と違って、その点ではおそろしく厳格だ。過酷だとさえいいえるほど厳格だ」

さあ、みなさんは会社に入ってあてがはずれたり、自分にあわない会社だ、と失望されたかもしれない。もう、やめよう、転職しようと考えあぐねているかもしれない。

この本のどこかに、きっと役に立ついいヒントがあります。

「人間生命の本質はその創造力にある」といわれる。それがどうした、と肩肘をはらないで読み進んでください。

人間は他人の功績に嫉妬する。この嫉妬心は、単に他人の創意工夫を無視するだけでなく、しばしば社会を混乱させる、といわれる。

納得である。君だけでなくだれもが、不条理なことでさんざん痛い目にあってきている。

「不断の出発」をしていれば、創意工夫も情熱もわき出てくることでしょう。

多くの具体的な話で若者の思索を深め、解決策を暗示してくれる本です。

五十二歳になった私はいまでも読み返しては教わることの多い内容に驚嘆と親愛の情をもって座右においています。

迷わず「不断の出発」を心がければ、きっと飛躍した出発の喜びを手にできます。

金もなく、頭は並みで、丈夫だけが自慢の私の青春時代でした。が、自分なりに飛躍ができたのはこの一冊の本のおかげです。

いつも元気づけてくれ、適切なアドバイスを与え続けてくれている本です。

池内了　総合研究大学院大学名誉教授

『ヘラクレイトスの火』アーウィン・シャルガフ著

仕事や人間関係を通じての社会との関わりや未来に責任をもつべき覚悟について、深く考えさせてくれる。

二十一世紀に入って十年以上経った。この世紀が打ち立てる科学は、人間と一体どのような関係にあるのだろうか？

科学の成果を土台にした人間の活動と地球環境との矛盾が顕在化し始めた現在、科学と人間との関わりへの省察を抜きにして二十一世紀を語ることはできないだろう。二十一世紀を担う諸君たちに、良きにつけ悪しきにつけ二十世紀に築かれた科学の諸成果が受け渡されるのだから。

二十一世紀を特徴づける（と言うより、その多様な応用によって社会・経済・哲学に大きな影響を与えずにはおかない）科学は、核とコンピュータと遺伝子に関わる分野であろう。むろん、これらの成果はすでに私たちの日常生活のなかに入り込みつつ

いけうち・さとる　昭和十九年生まれ。京都大学理学研究科博士課程修了。東京大学東京天文台教授、大阪大学教授、名古屋大学教授、総合研究大学院教授を経て平成二十四年より現職。著書「泡宇宙論」「宇宙のかたちをさぐる」「科学を読む愉しみ」ほか。

あるが、二十一世紀においてはこれらを抜きにして私たちの生活が成り立ち得なくなると考えられる。端的には、種としての絶滅の因を内に孕《はら》みつつ、判断と決定という頭脳の領域や誕生と死・個と家族という生命や生活の領域への科学の干渉が通常となるということである。

このような時代をどう生きるべきかについての明確な処方箋はない。ありうるのは、心ならずもパンドラの箱を開けてしまった科学者たちの、現在の苦渋と未来への希望を共有することのみだろう。その意味で、アインシュタインの書簡は嚆矢《こうし》と思われるが、あえて私はシャルガフのモノグラフ『ヘラクレイトスの火』(村上陽一郎訳、DL判、三八四頁、一〇一九円、岩波書店)を推奨したい。自らの生活と、研究という仕事と、研究から生み出された結果に、苦渋しつつも逃げずに立ち向かうその真摯な姿勢に「知」の深さと力強さを強く印象づけられる。

必ずしも恵まれなかった研究生活、にもかかわらず重要な賞を得ることとなった研究へのひらめき、安易に流れる同僚への批判など、現在に至るまでの彼の行き様を本書の縦系とすると、彼らの世代が切り拓くことになった遺伝子操作の技術が、いかなる未来をもたらしうるかについての予感と戦《おのの》きが横系である。こうして織られた布地の絵は、決して研究者の世界のみに閉じられたものでなく、仕事や人間関係を通じての社会との関わりや未来に責任を持つべき一人の人間としての覚悟について、深く考えさせてくれる。

特に、二十一世紀においては大問題となるであろう遺伝子操作について考える時、「どこかで止めねばならぬ」と強く予感する著者の苦渋は深い。個人として研究を止めても仕方がない。必ずだれかが続けるからである。「火」を万物の根元としたヘラクレイトスの苦悩とも共通する。これと似て、やはり未だ解を見い出していないのが「核」の問題である。核は人類の「死」への挑戦とするなら、「遺伝子」は人類の「生」への挑戦と言えるだろう。まさに二十一世紀は、人類の生と死の双方がこの手に握られる時代なのである。

結局のところ、この難問を解く鍵は人間の「知」にしかあり得ないのだろう。しかし、まだ十分に「知的」に発達していない私たちは、常に悩み続けるのかもしれない。人類の歴史において難問のなかった時代はないのだから。ならば、「知」を共有しつつ、逃げることなく難問に向き合う姿勢こそが求められているのである。著者は何ら声高にこのようなお説教はしていないが、頑固なまでに信じていることがよくわかる。パンドラの箱に残った希望とは、このような生き方のことではないだろうか。

II

北川智子 歴史学者

『天国の五人』ミッチ・アルボン著

生きていること、働くことって素晴らしい！
そんなふうに前向きな姿勢をくれる。

現代アメリカのベストセラー作家、ミッチ・アルボンは、生と死、時間という大きなテーマを扱うとびきり素敵で大胆な書き手です。彼の言葉は、むずかしくなく、そして抜群に美しい。簡単な英語の表現のもつ感性を感じてもらういい機会になると思うのです。アメリカでテレビドラマ化されたこの作品の主人公が生きた時代は半世紀以上前のアメリカの設定で、戦争を実際に経験した元軍人の一生が素材になっています。日本にはない、現代にもない、歴史にヒントを得た設定なのです。だから「天国」とはいえ、パラダイスを思い浮かべてはなりません。途中に出てくる戦場の描写には容赦ありません。痛みや悲しみのある物語を読む時には苦痛を感

きたがわ・ともこ　昭和五十五年生まれ。カナダのブリティッシュ・コロンビア大学で数学と生命科学の学士号、同大学アジア学部修士号、プリンストン大学博士号。ハーバード大学で教鞭をとった後、英国ケンブリッジへ。各国の人々をつなぐ歴史叙述・教育をめざしている。著書「ハーバード白熱日本史教室」「異国のヴィジョン」など。

じるかもしれませんが、現在あなたが住んでいる空間からまったく異質の場面設定こそ、文学がわれわれに与えてくれる知的刺激あふれる世界でもあります。日常とは全く違った環境、感性、生き方。臨場感ある情景描写に反して同情心をかき立てる心情描写。この読書を通して、きっとポジティブな現実逃避ができると思います。

少し身構えてもらったところで、この小説の舞台の「天国」をちょっとだけ覗いてみましょう。アルボンの天国とは、宗教的な説話とは違い、天国とはこの人生でわからなかったことを知る場所、うやむやになった気持ちを消化する場所、その人の人生の意味を考える場所として描かれます。そして、この大きなテーマを考えた時、「人生の意味」と「毎日の仕事」と直結しているつなぎの部分がはっきりと見えてきます。そう、『天国の五人』（小田島則子・小田島恒志訳、B6判、二二二頁、一四〇〇円、NHK出版）（原書は『The Five People You Meet in Heaven』）は、社会人生活にとって大事なことに気づいていく、何とも不思議な作品なのです。

たとえば、1人目の人が教えてくれる「お話の二面性」。一つの物事には、いくつもの見方があって、自分が見えないところで起こっていることに気がつかない場面や、自分以外の立場から物事を見ることで、まったく違う発見があるという経験はないでしょうか。仕事をするとそんな視点の転換に助けられることは多々あります。自分の目の前のことをうまくこなしたいがために目先に見えている「自分の物語」に埋もれそうになることがままありますが、基本的にどんな物事にも、他の人の目線から見ることで、そこに問題解決のヒントがあったりします。また、自分という個体から一歩離れ、広い目で全体像を観察してこそ、良い結論が見えてきたりするものです。また、就職をしてからは、自分の時間がすべて自分のものになるとはかぎりません。学校生活とは違い「犠牲」を払う場面が必ず訪れます。犠牲という言葉は大げさかもしれませんが、どのくらい仕事の時間を持ち、自分の時間が持てずに辛い思いをしたり、仕事と家族のどちらを選ぶべきか、ジレンマに陥ることがあるでしょう。限られた時間のなかで、仕事に優先順位をつけなくてはならない場合、何がどう重要なのかを見極めて、仕事を選ぶ力が必要になります。

天国で待っていた二人目の人は、そんな選択を迫られた時の心構えを教えてくれます。さらに、主人公がいやいやながら一生続けてきた、ちっぽけな仕事。なんで、こんな場所で一生を暮らすのだろうか。なんで、この仕事を続けていくのだろうか。彼は、何度もなく自分の人生を寂しく、つまらないものだと思ってしまうタイプの人間です。しかし、そんな一度も誇りに思ったことがなかった彼の仕事のもつ価値を、天国で出会う五人目の人が教えてくれます。

仕事とは、自分の持ち場で能力を活かし、誰かの役に立つ活動に従事すること。自分がいる意味がないとか、つまらないとか、毎日を単調だと思うことがあっても、実は気づかないところで誰かの役に立っていることを、意外な人が教えにきてくれるのです。夢のような小説の世界。ありえない設定から現実に戻ってくる時、あなたはきっと自分の生活にありふれている幸せをとても大切に思われるでしょう。

この本を読み終えた時、私は本をプレゼントしてくれた友人のことを思いました。そして、天国でもし五人に会えるならば誰だろうかとも、考えました。しかし、天国で会えるのは五人かもしれないけれど、実際に今を一緒に過している友人や親族、さらに今後の出会うだろう人の数を数えると、五人といわず、五十人、五百人、さらに五千人に出会える「今」が目の前に広がっているシンプルな事実に、思わずにんまりしてしまいます。生きていること、働くことって、素晴らしい！　そんなふうに前向きな姿勢をくれる、おすすめの一冊です。

大谷光淳 浄土真宗本願寺派第二十五代門主

『仏典のことば—現代に呼びかける知慧』 中村元著

仏教の説く真理に触れてほしい。そして、
自分の人生をどのように生きていくのか、考えてください。

おおたに・こうじゅん
昭和五十二年本願寺第二十四世即如（大谷光真）の長男として、京都市に生まれる。平成四年得度し、門主後継者の「新門」に就任。十二年法政大学卒。十七年龍谷大大学院博士課程単位取得。二十年築地本願寺副住職。二十六年より現職。

新入社員のみなさんが、この『新入社員に贈る一冊』を開いて、何か読んでみようと思われたことは、とてもすばらしいことです。人生において、自分自身で見たり聞いたり経験できることは、ごくわずかしかありません。しかし、多くの書物の中には、未知の世界が広がっています。現在の仕事や興味と関係のある本はもとより、異分野の本もぜひ開いてみてください。人生をより豊かにするために。

さて、みなさんは、仏教にどのようなイメージを持っているでしょうか。お寺・仏像・葬儀などでしょうか。仏教は、約二千五百年前にインドで釈迦（釈尊）によって説かれました。釈迦の死後、仏教はインドからシルクロード・中国・朝鮮半島・

日本へ（北伝仏教）、あるいは東南アジア方面へ（南伝仏教）の二系統に分かれて伝わっていきます。ですから、現在、日本で信仰されている仏教の多くは、北伝仏教の流れにあります。

ここで紹介する書『仏典のことば―現代に呼びかける知慧』（文庫、二八五頁、一一八〇円、岩波書店）は、東京大学教授などを務めた中村元先生が、一九八七年に「石坂泰三氏記念講演」で話したことをもとに著されています。先生は、インド哲学・仏教学を専攻され、多数の著作や論文のある著名な研究者でした。この書においては、釈迦が話された教えをまとめた仏典のうち、特に現代人に密接な関わりがある経済・政治に関係する教えが紹介されています。

まず、仏教の説く道理が示されています。それは、私たちが生きているこの世界は「諸行無常」であるということです。プロローグから少し抜粋します。

「「諸行無常」ということばは、つねに仏教的な表現としてあまねく知られておりますが、平易に表現しますと、「この世のものは、うつりかわる」と言ってもよいでしょう。」

そして、私たちはその道理を見失って生きていること、だから人生に苦しみや悲しみがあることを明らかにします。

ところで、人々は無常の理を見失っているから、煩悶もあり、嘆き悲しむのですが、もしも無常ということが、のがれられぬ道理であると観ずるならば、煩悶も消えうせることになります。「世間の人びとは、死と老いとによってそこなわれる。されば、賢者は世のありさまを知って悲しまない」（スッタニパータ）。「ああ、もうだめだな」と気づくことによって、覚悟が定まる。「覚悟」という言葉は、文字どおり「道理をさとる」ということです。

この「無常のことわりを通じて永遠不変なるものを見よ」ということは、「いろは歌」の説くところでもあります。この永遠不変なるものを、もとの言葉で「ダルマ」と申しますが、それを漢文では「法」と訳します。あるいは「道」と訳すこともあります。この法は人間にとって至上のものです。ダルマは「保つもの」という意味です。つまり、人を人として保つものです。それは人間の真理です。だから仏教のことを「仏法」というのです。

「その法は神々の権威よりも、仏の権威よりも上に位すると言われます。「如来が世に出たもうとも、出ずとも、この法の本性は定まったものである」と。その法は、民族や時代の差を超えて、さらに諸宗教の区別を超えて、実現さるべきものです。
この法は単なる法律とも異なっています。社会的に現存するもろもろの法律をさえも批判するためのよりどころとなる根源的な「法」です。無常なる移りゆくもののうちにあって永遠なるものです。」（『仏典のことば』）
つまり、『仏典のことば』は冒頭から、この世には常に変わることがない真理があると教えています。ところが、私たちは、その真理と相いれない考え方をしてしまいがちです。ですから、さまざまに思い悩むことになります。社会人になると不本意なこと、矛盾することに多く出会い、悩みも深く大きくなっていくかもしれません。真理を受け入れることができれば、私たちの人生は辛いものではなくなります。しかし、それは、ほとんど不可能です。若者の生活と仏教はあまり関係がないように思われがちですが、人生の悩みの解決方法をさまざまに示しているのが、現代日本の仏教宗派です。
まず、この本を読んで、仏教の説く真理に触れてほしいと思います。そして、自分の人生をどのように生きていくのか、考えてみてください。

佐々木毅 東京大学名誉教授

『明治十年丁丑公論・瘠我慢の説』福沢諭吉著

安定志向型社会に未来はないことを悟ってもらい、つけ刃的個性の限界を知ってもらいたい。

新入社員に読んでいただきたい本として、ここではあえてやや古風な感じのものを選んだ。この本はどうビジネスしたらよいかとか、現代世界をどうとらえたらよいかといったことには無縁の書である。しかし、少し人生を歩んでみると、広い意味での「ハウツウ」ものは必要があればいつでも読めるし、モノにすることもそれほどむずかしいことでないことがわかる。それよりはわれわれの精神的基礎とでもいったもの、「ハウツウ」を動かす根底にある気持ちが、肝心な時にいかに決定的に大事であるかがわかってくる。われわれの先人がこの問題にどう向き合ったのか、それを示す生々しい印象深い作品がこれである。

ささき・たけし　昭和十七年生まれ。四十年東京大学法学部卒業。政治学・政治学史専攻。平成十三年に東京大学総長。十七年より現職。著書「マキアヴェッリ」「プラトンと政治」「いま政治に何が可能か」「宗教と権力の政治」ほか。

福沢諭吉といえば、文明開化の先導者というステレオタイプがすぐ頭をよぎる。確かにこの理解は間違いではない。しかし、この本はある意味でそうした理解とは違った感じを与えるものである。何よりもそこには彼の日本、特にその武士的伝統――正確にいえば、武士的伝統のある側面に対する強い執着がみられるからである。

『明治十年丁丑《ていちゅう》公論』は西南戦争を題材にして、西郷隆盛をある意味で評価した作品である。文明開化の唱導者として有名な福沢が西郷を弁護するというのは驚きであるといってよい。この作品は明治十年に書かれたのち、彼の死の直前にようやく発表されることになったが、実際、この作品はいろいろと誤解を招きやすい、さらにいえば、身に危険がふりかかるような議論を含んでいたのである。そこでのテーマは「政府の専制」に対する「抵抗の精神」の決定的重要性の指摘である。「近来日本の景況を察するに、文明の虚説に欺かれて抵抗の精神は次第に衰頽するがごとし。いやしくも憂国の士はこれを救うの術を求めざるべからず」という一文は、彼が「文明の虚説（!）に欺かれた」人物ではなく、「抵抗の精神」の大切さを説いたのみならず、「文をもって」それを体現しようとしたことを物語っている。

福沢によれば、西郷は「武をもって」抵抗を行なった点で欠陥があるが、しかし、長い物には巻かれろ式に権力にすりより、そこで月給を得るのに汲々としている人間ばかりが目立つ「無気無力なる世の中」において、「人民の気力」という点では「第二の西郷」が出てくることこそ、「国のために祝すべきこと」だというのである。すなわち、有為転変の社会において弱者たるものが、その面目と尊敬を得ることができるのは「千辛万苦、力のあらん限りを」尽くすという気力、すなわち瘦我慢の精神であるという。しかし、三河武士などに代表されるこの「士風の美」は明治維新をめぐって傷つけられた。福沢によれば、それは官軍に抵抗せずして屈伏した幕府指導者たちの行動から始まり、しかも後年、これらの指導者たちが明治政府に仕え、高位高官となるに及んで決定的な打撃を受けたのであった。この議論が具体的に名を挙げて批判したのは勝安芳（海舟）と榎本武揚であり、福沢は国家百年の大計のためにはこうした「士風」の動向を無視することはできないとして二人の出処進退をきびしく問いかけたのであった。

『瘦我慢《やせがまん》の説』は先の議論と通底する精神的要素を直接取り上げたものである。

この抵抗の精神や瘦我慢の精神を「貴重の元素」ととらえたことは彼の慧眼ぶり

を示すものであった。目先の利害得失ばかりで人間が動くような社会は悪い意味での「世論の支配」や権力へのへつらいにつながり、そこから淀んだような、背骨のないような社会が再生産されるのである。福沢は明治において日本がこうした右顧左眄的で自縄自縛的な社会になる可能性を嗅ぎ取っていたのであって、それに対抗するものとして武士的エートスに期待をかけたのである。しかし残念ながら、戦前の日本も戦後の日本もこうした彼の悪い予感から免れたとは、とうていいえない。

こうした気質はここではもっぱら政治に携わる人間との関係でいわれているが、それはビジネスを含め、人間社会に大きな革新と変化をもたらす大切な気力である。かつての日本の産業界のリーダーたちの中にもこうした「元気」をもった人たちが少なからず存在していたのである。そしていわばこの一種、貴族主義的精神とでもいうべきものを経済や社会は必要とするのである。目先の利害得失ばかりに汲々とした「安定」志向型社会に未来はないということを改めて悟ってもらうため、そしてつけ刃的な「個性」などの限界を知ってもらうために、このやや挑戦的な内容の、文語調ではあるが、快い切れ味の小論を新たに社会に出るみなさんに贈る次第である。

（文庫、一四六頁、六四〇円、講談社）

本間千枝子 随筆家

『ヘミングウェイ短編集』アーネスト・ヘミングウェイ著

いくつになっても新たな発見を与えてくれる物語を読んで欲しい。物語は人間形成の一部であると思う。

「およそこの世に存在するあらゆる文章には、二つの種類しかない」、というエッセイを読んだことがあった。

ジャーナリスティックなものと文学的なものである。

今日ジャーナリスティックな文章を読むことは必要であり、世界の動き、日々の移り変わりを知ることによって自らの状況、価値判断が可能となる。

しかし、現在から二十世紀、この百年の間に世界に起こったことを振り返っても分かるように、歴史を知れば、未来のことは絶対に分かり得ないという事実を、私たちは今や身につまされて知っているはずである。

ほんま・ちえこ　昭和八年生まれ。早稲田大学仏文科中退。元三鷹市教育委員長。「アメリカの食卓」でサントリー学芸賞受賞。著書「父のいる食卓」「バッカスが呼んでいる」「世界の食文化・アメリカ」（共著）ほか。

冷静に考えるなら、書店に並ぶ凡百の「明日の日本」を語る書や「二十一世紀の世界を語る」書は、未来について一応の見当をつけるという程度の書であろう。こうしたものだけを読んでいたのでは、実は今日のことすら分からないのではないか。

私は皆さんに断然文学的なもの、いいえ、文学そのものを読むことをお薦めする。四、五年たつと色褪せてしまうベストセラーでなく、耐久力のある、あなたがいくつになって読み返しても新たな発見を与えてくれる物語を読んで欲しいと思う。あなたが読んで、その感激を恋人にも、やがて生まれてくる子供が成人した時にも語り継げる本を読んで欲しい。

二十世紀アメリカの作家アーネスト・ヘミングウェイは、ニック・アダムズを主人公とした短篇小説を書いているが、ニック・アダムズの物語は、牧歌的な自然を背景にして生きる多感な若者の物語である。舞台となる自然が北ミシガンの湖のほとりであったり、ヘミングウェイ自身の経験と重ねて読めるので、ほとんど自伝小説だといわれている。

私が『ヘミングウェイ短編集』（大久保康雄訳、文庫、二巻、上二八八頁、下二九九頁、上六二九円、下三八八円、新潮社）を一冊の本として挙げるのは、実はその中から、人間という不可解な存在を深く重層的に学ぶことができるからだ。

ヘミングウェイは医師を父とし、上昇志向の洗練を愛する社交家を母として生まれているが、作家にとって一番役に立つ教育となるものは、「アンハッピー・チャイルドフッド」だと語っている。

また、ニック・アダムズの物語の中では、「父親は感情家であった。感情的な人間がほとんどそうであるように、彼は厳しい人間であり、同時にだまされやすい人間であった」と語っており、家族の中の人間関係や観察に、微妙にゆれ動く心をもてあましながら成長した強い人であることが分かる。

「幸せでない子供時代」は後、ヘミングウェイの矛盾にみちた魅力ある性格を育てることに力を貸した。彼の文体は、簡潔でむだのない男性的なものでありながら、静寂に満ちた大地の息づかいが聞こえるように繊細である。

ヘミングウェイは、代表作『誰がために鐘は鳴る』、『老人と海』など、長篇の中でも常に生と死を好んで描く作家である。短篇集の中でも、移ろいゆく少年の日の不安な心を生と死のドラマと交差させる。

『三発の銃声』や『最後のよき土地』、『インディアン・キャンプ』の物語を読みすすむうちに、読者は、父と子、兄と妹、夫と妻、そして自然と人間、生と死というような、わかりやすい、誰にも身近なテーマの中に浸って、わが身を作品の世界と一体化させてしまう。

物語は人間形成の一部であると私は思う。すぐれた物語を数多く自らの中にとり入れている人は幸せであろう。

大久保幸夫 リクルートワークス研究所所長

『思い出トランプ』向田邦子著

文章の天才の作品を味わいながら言葉のむずかしさと面白さを実感してほしい

おおくぼ・ゆきお　昭和三十六年生まれ。一橋大学経済学部卒業後、リクルート入社。平成十一年にワークス研究所を立ち上げ所長に就任。二十三年内閣府参与を兼任。著書「キャリアデザイン入門Ⅰ・Ⅱ」「日本型キャリアデザインの方法」ほか。

「時間ですよ」「だいこんの花」「寺内貫太郎一家」といっても、新入社員のみなさんにはピンとこないかもしれない。大ヒットしたテレビドラマで、当時はタイトルを聞けば知らない人はいなかった。ドラマのヒットに半歩遅れて、脚本を書いた向田邦子の名も広く知られることになる。一九七〇年代の終わりにはキャリアをもった女性の自由な生き方を代表する人として、雑誌「クロワッサン」にたびたび登場し、女性があこがれる女性としても知られた。

彼女は五十二歳という若さで飛行機事故により他界するのだが、その前年に直木賞を受賞している。長く脚本を書いてきた彼女の小説家デビューは遅い。受賞作の

『かわうそ』『花の名前』『犬小屋』の三作は一九八〇年から一年間、雑誌「小説新潮」に連載していた短編で、受賞は連載途中の七月の出来事であった。今年でなくともいいのでは、と二の足を踏む審査員がいるなかで、山口瞳氏は「向田邦子はもう、五十一歳なんですよ。そんなに長くは生きられないんですよ」(『木槿の花』新潮社)と推しているが、本当に翌年には帰らぬ人となってしまった。エッセイストの山本夏彦氏が「向田邦子は突然あらわれてほとんど名人である」(『恋に似たもの』文藝春秋)と評したように、向田の小説家としての才能は飛び抜けていた。

受賞作三作を含む「小説新潮」に連載された十三篇をまとめたのが、『思い出トランプ』(文庫、二二五頁、四三〇円、新潮社)である。思い出トランプは、十三篇の小説をシャッフルして本にまとめたというような意味で、タイトルと同名の短編小説が収められているわけではない。

大学生で、コピーライターの道を志していた私は、『思い出トランプ』を読み、たちまち向田のファンになり、ほとんどすべての作品を一気に読み尽くした。「なんでこんな魅力的な文章が書けるのだろう」――ただただそれだけを思いながら読んだ。

私には子どもの頃から気に入ったものはひたすら書き写す癖があり、このときも同じだった。書き写してみると、新しい発見がたくさんある。独特のリズム感、きっとそれは役者のせりふを書き続けてきた脚本家としての経験によるものだろうが、声に出して読みやすいのだ。そして、情景描写の巧みさ、これもまたテレビや舞台の仕事の成果だろう、圧倒的なリアリティをともなって情景が浮かぶのである。人の位置関係や着ている服、庭の景観までみえてくる。そしてこれ以上の表現には書き換えようがないと思うほどの、ぴったりとした美しい語句使い。どんな生活を過ごしたらこのような言葉が身につくのだろうか。どれも書き写してみて改めて感嘆した。それまでの私は、なにげなく文章を書きはじめて、いつもどう終わるか迷いつつ筆をおいていたように思う。だからガツンときた。そうか！ 文章とはこのようにはじめて、このように終わるものなのか。

『かわうそ』の「写真機のシャッターがおりるように、庭が急に闇になった」という劇的な終わり方。『花の名前』の「花の名前。それがどうした。女の名前。それがどうした」という、畳みかけるような迫力ある終わり方。

書き写しながら、そのうまさに感激して涙が止まらなかった。小説の内容ではなく、向田の才能に感動したのである。自分もこう書きたい。真剣にそう思った。書き写す作業には膨大な時間がかかったが、その何倍もの価値があった。いや、もしあの出会いがなかったら、今でも文章を書くことの楽しさや深さを知らなかったかもしれない。

後にコピーライターから、編集、企画、コンサルティング、研究と職種は変わったけれど、向田の文章をきっかけとして修業した文章を書く力は、いつも自分の財産として仕事の中で活きてきた。仕事とは考えること。仕事とは表現すること。仕事とは伝えること。そこには必ず「文章を書く」という行為がともなう。若いときに一流のものに触れることは、どのような領域でも価値があることだが、一流の文章に出会うことは特に欠かせない経験ではないかと思う。

私も向田が『思い出トランプ』を書いた年齢にだいぶ近づいてきた。しかし、大学生の頃に雲の上に思えた存在は、この歳になっても遠く及ばぬ星のままだ。もしも新入社員の頃に戻って、もう一度『思い出トランプ』超えを本気でめざしたらどうなるだろうか？　いや、非現実的なことを考えてみてもしかたがない。この挑戦は若い世代がもっている権利である。

鴻巣友季子 翻訳家

『キルプの軍団』 大江健三郎著

「読む」ということの奥深さが、これほど実感される書物はそうそうない。

わたしは前世紀、つまり自分が三十代の頃までは、時代の先端をいくバリバリの現代文学をおもに翻訳してきた。ノーベル文学賞や英国のブッカー賞をはじめ、世界の大きな文学賞をうけた作家とその作品に接する機会を数多く得られたことは、なににもたとえようのない財産である。

日本で知られていない外国の小説、新しい作家を追いかけて突っ走ってきたわけだが、しかし四十歳の手前から、仕事の方向が変わってきた。古典文学の翻訳を手がけるようになったのだ。いま言われる「新訳ブーム」のはしりになるのだろう。外国の古典文学の新訳。これはある意味、身も細る作業である。現在、「古典」

こうのす・ゆきこ　昭和三十八年生まれ。お茶の水女子大学大学院修士課程在籍中に翻訳家としてデビュー。新訳「嵐が丘」で新訳ブームの先駆けをなす。朝日新聞書評委員。訳書「緋色の記憶」「恥辱」ほか。著書「明治大正翻訳ワンダーランド」「やみくも」ほか。

として生き残っているからには、その作品に優れた既訳が存在したということ。文学史に燦然とそびえ立つ名訳と、そのまわりにつどう熱烈な支持者たち(「堀口大学訳のランボーはわたしの青春そのものだ」と遠い目をしたりする)が居並ぶところへ、若造がのこのこ現われて翻訳をご披露しようというのだから、ほほう、この偉業を前にしてきみはどんな新しいことをやるのかねと、胡散《うさん》臭げな目で見られ、厳しい視線にさらされる。既訳を読んで勉強すればしたでその影響をうけ、自分のやりたかったことが見えなくなったりする。

さて、新入社員のみなさんもいずれ、先達諸氏がみごとに成功させたプロジェクトのチーフなんかをひきついだり、さらにはその「改革」を迫られたりすることもあるだろう。そういうプレッシャーに備えて(備えられるものではないが)読むのをお薦めしたいのは、大江健三郎の『キルプの軍団』(文庫、四〇三頁、七三三円、講談社)だ。高校生の主人公は英語の勉強のために、ディケンズの小説を原書で読んでいる。すると、その小説を地でいくような金銭絡みの事件が身近で起き、彼は暴力犯刑事の叔父さんとともに、次々と事件に巻きこまれていく。ひとことで言えば、少年の成長物語だが、わたしはこの本を二十代の前半までに読んでおかなかったことを大変後悔している。「読む」ということの奥深さが、これほど実感される書物はそうそうないからだ。

大江健三郎氏は外国文学の紹介者としても知られている。ダンテやセルバンテスといった大作家の作品を下敷きにして書いた小説も数多い。『キルプの軍団』では、英国の文豪ディケンズと、ロシアの巨匠ドストエフスキーと、旧約聖書の物語が、主人公の人生への「読み」を変えていく。彼と叔父はディケンズを読み、たがいに意見を言いあうことで自分の生を組み立て直し、また逆に、実人生のエッセンスをもとに、ディケンズやドストエフスキーや旧約聖書を幾たびも解釈しなおす。『キルプの軍団』を一冊読むのは、何冊もの本を読むのに値する。しかし、それはぜんぶ足して五冊分というような単純な加算ではなく、乗算なのだ。ひとつひとつの物語が掛けあわされた末、まったく新しい世界が生まれでてくる。

作中で、主人公は多くの「ズレ」や「衝突」を経験する。他人の解釈とのズレや衝突もある。ディケンズを読むことに長年を費やしてきた学者肌の叔父には叔父の「読み」があり、外国文学に造詣の深い作家である父（これは大江氏自身がモデル）には父の練達の「読み」がある。言ってみれば、あまりに立派な先達のご意見がそこには出揃っていて、主人公は脅威を感じたり、むくれたり、あがいたりする。とはいえ、こういうズレにぶつかってこそ、自分ひとりで小説を読んでいた時には気づかなかったことを発見するのだ。彼は先達たちの「読み」を真っ向からうけとめ、影響の力をしたたかに被りつつも、そこからのびやかに逸れていく。これが本書の爽快なところである。

独創性というのは、先人の成功を反復することからは生まれない。しかし先人の影響を恐れて避けるところからも生まれない、とわたしは思う。革新なるものを生むのは、直線的なprogressではなくinventionだ。ちなみにinvention（創出）の語源は「発見」であり、発見は他者なしには存在しない。古代ローマの哲学詩人ルクレティウスは宇宙の成り立ちを説いた詩のなかで、こう言っている。「粒子が虚空を落下してくる際、予期せずそのコースを逸れることがある。もしこのズレがなければ、原子と原子の衝突も起きず、世界はなにも生みだせなかったろう」最初にコースがあって、ズレがあり、逸れがあり、衝突があり、新しいものが生まれる。宇宙が成り立つ。ということが、おわかりいただけるだろう。先人の轍、恐れるべからず、である。

渡辺武信 建築家

『赤毛のサウスポー』ポール・R・ロスワイラー著
「めちゃくちゃ面白い」本。この小説を読む女性は、時のたつのを忘れるような楽しみを味わうだろう。

こういう設問に対する答えには「ためにはなるけど面白くない」本が多くなりそうで、しかも想定対象が男性に偏るのではないかと思われるので、私は女性の新人に「めちゃくちゃ面白い」本をお勧めしてみたい。

近年のアメリカのエンターティンメント小説には女性を主人公にした面白い作品が多い。これは、女性が女であることによって社会的ハンデキャップを負っているからだろう。日本に比べて男女平等意識が進んでいるあちらでも、まだまだ「男性原理」の支配する部分もあって、とくに犯罪捜査に携わる私立探偵とか警察官の世界にはその傾向が強い。そういう世界でも法律では男女の均等機会が公認されているのに、現実には頭の切り替えができない男が多いし、女の側にも古いタイプがい

わたなべ・たけのぶ
昭和十三年生まれ。東京大学建築学科卒業、同大学院博士課程修了。渡辺武信設計室開設。著書「渡辺武信詩集」「住まい方の思想」「住まい方の演出」「銀幕のインテリア」ほか。

るので、男社会の中で自分の位置を戦い取ろうとする女性はさまざまな抵抗に出会う。これは決して望ましいことではないが、小説の面白さという点では、抵抗が大きいほど劇的状況が生まれやすいこともたしかだ。しかも公には機会均等が保証されているから、ヒロインの戦いは困難ではあっても決して絶望的ではない。そう考えると男社会の中の女というのは、いまドラマを作るのに絶好の設定の一つなのだ。こういう状況を利して登場したのがサラ・パレッキーのウォショースキーや、スー・グラフトンのキンジー・ミルホーンなどの女性探偵シリーズである。これらも面白いのだが、最近では困ったことに、そして現実には多分望ましいことなのだが、私立探偵の世界では女性であることへの社会的抵抗が少なくなり、依頼人も「探偵に会ってみたら女だった」ということで驚いたりしなくなった。つまりハンデが少なくなった分だけドラマ性も薄くなったのである。

この種の小説は（もちろん作家の腕が確かならだが）、舞台が男性原理の強い社会であるほど面白いとも言えるので、お勧めする『赤毛のサウスポー』（稲葉明雄訳、文庫、四〇四頁、七八一円、集英社）はこの条件をバッチリ満たしている。なにしろこれは、名投手であった父に特訓された少女、レッド・ウォーカーがメジャーリーグ入りするお話なのだ。現実にはアメリカにも女流プロ野球選手はいないから、このお話は夢であり嘘である。しかし、いかにもありそうな嘘をついてくれる小説は面白い。ここにはその「いかにもありそうな嘘」が実に巧みに描かれているのだ。

この小説を読む女性は、ヒロインが男性社会の障壁に直面した時の悩みや、それを乗り越えて行く喜びに感情移入しつつ、時のたつのを忘れるような楽しみを味わうだろう。しかし同時に、彼女が自分のポジションを獲得するためには、権利を主張するだけではなく、自分の実力を示さなければならないし、それを効果的に示す機会を辛抱強く待たなければならないことも見逃して欲しくない。また最初のうちは敵対的な男の同僚の中に味方を作って行くためにも、強気の戦いだけではなく冷静な作戦も必要なのだ。この状況は、小説的に面白く誇張されてはいるが、日本の企業の中で意欲的な女性が直面するであろうものと本質的に似かよっている。つまりこの小説は、ただ「めちゃくちゃ面白い」だけではなく、やっぱり「ためになる」点もあるわけだ。そして、この教訓は女性だけではなく、優れた女性を職場における真の戦友として遇しようと志す男性新入社員にとっても有益ではないかと思う。

ルー大柴　タレント

『道をひらく』松下幸之助著

壁にぶちあたったとき、人生に疲れたとき、生きるヒントを得られるのではないかと思う。

これから社会に飛び出す新入社員、挫折することもあるだろう。でもそんなとき、この本を読むと生きる力がわいてくる。一度だけの人生、自分らしくやるしかない。

私の人生まだ終わってはいないが、振り返ると波乱万丈、紆余曲折いろいろあった。まあ人はだれしもそうだろうけど、壁にあたると弱いもので、まわりがみえなくなり、自分だけが不幸なんだと萎縮してしまう。もしそんなことに陥ってしまったときには、松下幸之助著『道をひらく』(文庫、二七一頁、八七〇円、PHP研究所)、この本をぜひ読んでほしい。

るー・おおしば　昭和二十九年生まれ。高校卒業後、放浪の旅に出る。長い下積み生活を送るが、三十四歳にしてブレイク。ブログ「TO GETHER」、CD「MOTTAINAI」がヒット中。著書「ルー語大変換」「ルー炎上!」ほか。

貧乏から立身出世し、日本を代表する経営者となった松下幸之助。小学生のときに彼の伝記を読み、子どもながらに憧れた。

そんな私がリスペクトした松下幸之助氏が、一国民、一庶民、一人間として、身も心も豊かになる社会を実現したいと願いを込め綴ったのが、この本である。ビジネスへの取り組み方として勉強になるだけでなく、驕《おご》らず謙虚に初心忘れるべからずといった、とかく忘れてしまいがちな人としての心の持ちようも教えてくれる。

私は常にイノセント（純粋）を忘れず生きているつもりだが、人間である以上、忘れてしまいそうになるときもある。そんなときは必ずこの本を読み返し自分を戒める。また落ち込んだときや、迷いが生じたときにもこの本を手にする。五十三歳となった今になっても私にとっては必要な、人生のバイブルといえる一冊であることは間違いない。

本は文庫本なので持ち運びには便利だ。新入社員のみなさんもこれからの長い人生を送るなかで、家庭や仕事、人間関係などで壁にぶちあたったとき、また人生に疲れたときなどにこれを読むと生きるヒントを得られるのではないかと思う。

人生山あり谷あり。五十三歳になった私も、今思うといろいろな場面を戦ってきた。私にカルチャーショックを与え、ルー大柴の芸風（日本語と英語のトゥギャザー）の土台をつくってくれた、アメリカンスクールに通っていたガールフレンドの死。姉と異父兄弟だと突然知らされた日のこと。子どもの頃うちの家族は世界一だと思っていた親の離婚。財産をすべて捨て役者になることを追いかけていた二十代の鳴かず飛ばずの頃。結婚し子どもも生まれたのに責任を背負うのがイヤで芝居に逃げていた日々。母から「女房、子どもを泣かすな。夢はあきらめなさい」といわれた三十二歳のあの日。三十四歳で運よく世に出ることができ、ルー大柴の名が世に知れ渡ったときの快感。が、その後仕事が減り悩んだ四十代。そして五十三歳にしての再ブレイク……。

簡単に振り返っただけでもこれだけのことがあるが、どんな逆境のときでも、松下幸之助氏の「自分の道を開くためには、まず歩まねばならぬ。心を定め歩まねばならぬ」の言葉があったように思う。

僭越ですが、最後に私からも次の言葉を送りたい。「恥かけ、汗かけ、涙しろ」。恥を恐れず（バリアを張らず）、汗をかいて（努力して）、涙する（成功をおさめうれし涙を流す）。がんばれ新入社員！　自分のために！

石原千秋 早稲田大学教授

いしはら・ちあき　昭和三十年生まれ。成城大学大学院博士課程中退。東横学園女子短期大学助教授、成城大学教授を経て現職。著書「反転する漱石」「謎とき村上春樹」「『こころ』で読みなおす漱石文学」ほか。研究誌「漱石研究」編集。

『こころ』夏目漱石著

課題図書で読む本。でも、それは学校用の読み方だったはず。文学はもっと自由だ。

夏目漱石の『こころ』（文庫、三〇〇頁、六〇〇円、岩波書店）は、多くの日本人が高校二年生のときに国語の課題図書として読む小説である。その意味で、国民文学といっていい。

ところが、その読み方はというと、ひどく道徳的なものだったに違いない。みなさんも読書感想文で書いたはずだ。「先生は、親友のKにきちんと自分の気持ちを話すべきだった。これは本当の友情ではないと思う」とか、「私は、先生のように心の奥深くにあるエゴイズムを見つめられる人間になりたいです」とか……。

「ほんとうにそう思ったの？」なんて野暮なことは聞かないつもりだ。学校では「ほんとうに思ったこと」なんか書いてはいけないのだから。学校で書いてもいいのは、前向きに生きる良い子の作文なのだから。学校では、小説は正しい人間とはどういうものかを学ぶための道具になる。それが学校という空間のルールなのである。

しかし、こういう読み方は、『こころ』の冒頭の一節をきちんと読み直すだけでも、ずいぶんと怪しげなものに見えてくるだろう。

「私はその人を常に先生と呼んでいた。だからここでもただ先生と書くだけで本名は打ち明けない。これは世間を憚る遠慮というよりも、そのほうが自然だからである。私はその人の記憶を呼び起こすごとに、すぐ「先生」と言いたくなる。筆を執っても心持ちは同じことである。よそよそしい頭文字などはとても使う気にならない」

この青年は、自分は「先生」をいまでも尊敬していると言っている。そう読んで間違いではない。そして、そう読まなければこの物語は成立しないとさえ言えるだろう。でも、それだけだろうか。実は、この一節は『こころ』全体をよく覚えている人なら、「あれっ?」と思うようなことがたくさん書いてあるのだ。

まず、「書くだけで」とか「筆を執っても」というところからは、この青年がいままさにこの「手記」を書いていることがわかる。これは、当たり前すぎて意外に見落とされがちなことなのだ。しかし、青年が「手記」を書くことは重要な意味を持っている。

青年が「手記」を書く。何のために？　それは先生の遺書を公表するためにだ。でなければ「世間を憚る遠慮」とは書かない。でも、それはおかしくはないだろうか。先生は遺書の最後で、「すべてを腹の中にしまっておいて下さい」と書いていたはずなのだ。すると、青年は先生の遺言を破るためにこの「手記」を書いていることになる。

青年はまた、「よそよそしい頭文字などはとても使う気にならない」と書いている。だが、先生の遺書を読んだ読者なら、その先生こそが友人をKという「頭文字」で呼んだ人だったことを思い出すはずだ。青年は、先生に当てこすりをいっているのだろうか。あるいは、批判しているのだろうか。青年が先生を尊敬していると思うからこそ、僕たち読者も安心して先生を尊敬できるのだし、先生の遺書をありがたいものとして読めるのだ。読書感想文だって、そのことが大前提になっていたはずだ。ところが、事はそんなに単純ではないことになる。

その先どう読めばいいのかは、ここでは書かない。僕の言いたいことはこうだ。メッセージはいつも一通りとは限らない、ということだ。文学テクストとはそのメッセージの多様さを許すジャンルなのである。たとえ反社会的な解釈であっても、文学というジャンルはそれを許す。もしそうでなければ、文学を読む悦びはない。それを実際に行なうかどうかは、文学の問題ではなく、モラルの問題だ。

僕の言いたいことの第二は、本当に言いたいことは、たいていこっそりしか言えないものだ、ということだ。そうである以上、僕たちはいつももう一つのメッセージに耳を傾けていなければならないことになる。もう一つのメッセージとは、無意識のメッセージだと言ってもいい。無意識とは、けっして目にみえないものではない。もし無意識が本当に目にみえないのなら、僕たちは無意識の存在すら知ることができないだろう。無意識とは、忘れられているもののことである。目の前にあるのに忘れられていることはあまりにも多い。そういうことに耳を澄ますことだ。

文学というジャンルは、そんな僕たちの想像力に形を与えてくれるものだ。『こころ』を読み直してみてほしい。いままで聞こえなかったさまざまな「言葉」が聞こえてきたら、あなたは新しい自分を生き始めているのだ。

マーク・ピーターセン

明治大学教授

優れた小説でも次第に読まれなくなってきている。なんともったいないことか。

『細雪』谷崎潤一郎著

中学・高校の国語の授業のせいなのか、受験勉強の弊害なのか、日本の文学が「楽しく読むもの」というより、「勉強するもの」というイメージが強くなってしまったようで、優れた小説であっても次第に読まれなくなってきていると聞く。残念なことだが、そうした作品の例に谷崎潤一郎の『細雪』(文庫、三巻、二八四～四二〇頁、五五〇～七一〇円、新潮社)が挙げられていたりすると、残念というより、なんともったいないことかと思ってしまう。昭和十二年から十六年にいたる、蒔岡家の芦屋での日常生活が展開される『細雪』の世界は並みはずれて広壮に作り上げられている。美しい風景描写や人間ドラマの緊張感、移りゆく時代の哀感など、

Mark Petersen　コロラド大学で英米文学、ワシントン大学大学院で近代日本文学を専攻。一九九六年より現職。著書「日本人の英語(正・続)」「心にとどく英語」「英語の壁」ほか。

「大」小説にあるべきものがすべて揃っている。また、コメディ度の高さもきわめて印象的で、たとえばこんな感じの話が頻繁に出てくる。

〈兄のキリレンコが日本語が巧《うま》いのは当然として、カタリナも日本へ来てから短時日のわりには相当にこなすが、一番分りにくくて滑稽《こっけい》なのは老母の日本語で、これには妙子も少からず悩まされること。／「そのお婆《ばあ》ちゃんの日本語云うたらなあ、この間もうちに『あなたキノドクでごぜえます』云うねんけど、発音がけったいで早口やさかい、『あなたクニドコでごぜえます』と聞えるねんわ。そんで、うち、『わたし大阪です』云うてしもてん」〉

こんな会話があった後に、主人公である蒔岡家の次姉夫婦は、末娘「妙子の話でだんだん好奇心が募って来たのと、先方から再三招待があって断りにくくなったのとで、とうとうキリレンコの家へ出かけて」行く場面になる。三人の日本人と四人の在日ロシア人、そして一匹の犬が登場するこの訪問の場面は、文化と言葉の「すれ違い」が実にリアルに描き出されており、最高の喜劇である。

『細雪』の文体そのものもかなり勉強になる。わずか一枚の写真の説明ではあるが、こんなセンテンスがある。

〈それはこの桜の樹の下に、幸子と悦子とが彳《たたず》みながら池の面に見入っている後姿を、さざ波立った水を背景に撮ったもので、何気なく眺めている母子の恍惚《こうこつ》とした様子、悦子の友禅の袂の模様に散りかかる花の風情《ふぜい》までが、逝《ゆ》く春を詠歎する心持を工《たく》まずに現わしていた。〉

やはり巧い文章は、このように長くても無駄がなく、言葉のつながりや意味も素直にわかりやすく、胸に流れこんでくるものなのだ。

物語としての流れという点でも、見事なリズムである。先のキリレンコ家訪問の後には花見の場面が続くのだが、ここのしっとりと美しい風景描写はなんとも卓抜で、全編中もっとも印象的だと思う。そしてそこから、黄疸で寝込んでいる次姉の幸子の家に、東京弁で喋る三夫人が訪ねてくる場面へと一気に切り替わる。

〈「あなた御病気？　何処がお悪いの？」／「黄疸になってんわ。見て御覧、――眼エ黄色いでしょ」／「ほんと。とても黄色いわね」／「御気分がお悪いんじゃない？」と、下妻夫人が聞いた。〉

『細雪』の会話はもっぱら船場育ちの蒔岡姉妹の柔らかい言葉遣いが中心なので、突然こうした率直な東京の言葉が出てくると、感覚の違いに改めて驚かされる。その上、幸子も負けじと東京弁でがんばるからさらにおもしろい。しかし、幸子は、「一と眼で洋行帰りと知れる、純亜米利加《アメリカ》式の洋装の夫人」に「失礼でございますけれど、相良さんはどちらにお住まいでいらっしゃいますの」と訊くと、〈「北鎌倉なんですの。でもわたくし、去年帰って参りまして、その家に一二箇月おりましただけなんであんすけど」/この、「……なんであんすけど」と云うところが、「ざあます」とも違う一種不思議な云い方で、幸子は自分には真似《まね》も出来ないが、こう云う癖を取るのが上手な妙子に聞かせたらと思うと、ひとり可笑《おか》しくてたまらなかった。(中略)(幸子)も阪神間の奥さん達の間では、いっぱし東京弁が使える組なのであるが、こう云う夫人の前へ出ると、何となく気が引けて、——と云うよりは、何か東京弁と云うものが浅ましいように感じられて来(た。)〉

日本語を母語としない私にも、本当にこう感じられてくるから不思議である。読んでいるうちに谷崎潤一郎が完璧に作り上げたこの小説世界に、知らぬ間にすっぽりとはまりこんでしまい、無意識のうちにその世界に住む人々の情感や目線、はては掟までもが自分のものになってくるのだ。優れた小説の本来の力とは、そうしたところにあるではないだろうか。

紀田順一郎 出版評論家

『本が死ぬところ暴力が生まれる』バリー・サンダース著

読み書きの能力の低下が自己認識力、罪悪感、良心の形成を阻むことを立証している。

この本は、一口にいえば読書の重要性を説いたものであるが、教養や情報を取得するために書物に親しみなさいというよりも、もっと根本的に活字というメディアが人間の成長にとっていかに重要かを説いている。そこには、これからの社会をつくる若い世代にぜひ知ってもらいたい知見が含まれているように思える。

むかしから「物の本によれば……」という表現がある。単に「本」といえばいいものを、なぜ「物」がつくのだろうか。実は、これは「もののもと」と読んだ。本は知識と教養の元と考えられてきたのである。うわさ話や談話のようなものではなく、文字に記され、整えられた情報、つまり書物こそ「物の本」として、長いこと

きだ・じゅんいちろう
昭和十年生まれ。近代史・書誌を専門とする評論活動のほか、ミステリーを執筆。著書「日記の虚実」「二十世紀を騒がせた本」「第三閲覧室」「紀田順一郎著作集」ほか。

重んじられてきたのである。

しかし、二十世紀も後半になり、映像や電子媒体などのいわゆるマルチメディアが発達してくると、活字だけが貴重という感覚は薄れてくるのが当然で、私たちはマルチメディアから大きな影響を被ることとなる。たしかに活字よりも映像の助けを借りたほうが手っとり早く、理解もしやすい場合もあるが、活字のほうがすぐれていることも多い。問題は両者の使い分けだが、最近はマルチメディアが圧倒的に優勢で、本をまったく読まない人もふえている。有史以降、人類文化の上で初の経験といえよう。

本書はこのような現状が、危険な社会をつくる結果になると警告を発し、その対策として幼児期から一定の読書経験を積むべきであると提言する。著者バリー・サンダースはアメリカのカリフォルニア州クレアモントにあるピツァーカレッジの英語および思想史の教授であるが、映像やテレビゲームを否定しているのではない。ただ読書経験をする前に、まるでシャワーのように映像を浴びることの危険性を訴えているのである。

この本が出た一九九四年ごろより、アメリカでは年少者による銃の乱射事件があいついで起こった。日本でも、最近ハイジャックで機長が殺害されるという事件が起こっている。これらは映像時代に特有の犯罪のように思える。たとえば容疑者がテレビゲームの定番である「フライト・シミュレーター」の世界をそのまま実行しようとし、それ以前に人命の尊さについての感性に乏しかったということが推測されるのではないだろうか。罪悪心、良心の育つ前に、バーチャル・リアリティの世界に浸った結果の犯罪ではないだろうか。

著者は多くの事例を引いて、「識字力」すなわち読み書きの能力の低下が自己認識力、罪悪感、良心の形成を阻むことを立証している。その識字率の低下はまさに電子メディアの均衡を欠いた受容により、活字読書がおろそかになることから起こるというのである。

これを防ぐ方策としては、子どもの成長の初期段階で、まず親の語り聞かせや自由な会話の機会をふやすことだ。それによって、子どもは自分自身の夢や物語を紡ぐ能力が育まれ、思考能力の基礎や、自分さがしの能力、モラルの基本感覚などが発達する。これを「口承能力」という。

ところが現代の子どもの不幸は、映像メディアに妨げられ、口承の機会が十分に得られない。一日に数時間もテレビやテレビゲームの前に座っている子どもには、口承能力が育つはずがない。それを助長しているのが、両親の多忙、家庭崩壊などの要因である。

本書の核心は、活字に親しむ能力の獲得にも、その前提として口承能力が必要であるということにある。バランスを失った映像メディアの受容が、内省的な思考やコミュニケーションの能力を奪うということは、すでに定説となっているが、彼は文化的な背景のなかで思考様式の発達をとらえ、暴力やいじめ、不登校、学級崩壊などの根因を明らかにすると同時に、活字離れとの内的な関係を示しているのである。

このように内容を紹介すると、教育者向けの本ではないかといわれそうだが、私は本書を非常に説得力のある「読書のすすめ」として読んだ。活字世代がノスタルジーとして、若い世代に本を読めといっているのではない。映像メディアをとりいれながら、活字にもまたしっかり接していく。これからの時代を担う世代には、このような賢明さを備えてほしいという願いから、本書を推薦したいのである。

（杉本卓訳、B6判、三五七頁、二八五〇円、新曜社）

柳瀬尚紀 翻訳家

『一局の将棋一回の人生』河口俊彦著

さまざまな人物やエピソードを、ときにユーモラスに、ときに辛辣に、ときに歯ぎしりまじりに綴る。

将棋とは、きわめて高度な知能と知能の闘いである。そしてプロが指す将棋、それもトップクラスのプロが指す将棋は芸術にも匹敵するのだ。

天才や超秀才のごろごろいる将棋界のことをほとんど知らない人のために、アマとプロがどれくらい違うかをいっておこう。筆者はアマの二、三段の人にはたいてい勝つ。しかしプロの四段には、睡眠薬入りのウイスキーを一本飲んでもらってから指したとしても、確実に負ける。しかも、飛車と角、つまり大砲を落としてもらっても、である。

「将棋のプロになるのは、おそらく他のどんな世界のプロになるのより難しい」と、著者の河口俊彦氏も書いている。河口氏は現役のプロ六段。四段になるまで十

やなせ・なおき　昭和十八年生まれ。早稲田大学大学院博士課程修了。訳書「不思議の国のアリス」「飛ぶのが怖い」「フィネガンズ・ウェイク」「ユリシーズ」著書「英語遊び」「辞書を読む愉楽」ほか。

七年かかった「自慢じゃないが、空前絶後のワースト記録」をもつ。そして文筆活動のほうでもプロ八段の実力の持ち主だから、本書が面白くないはずはない。プロ棋士のとてつもなくきびしい世界を本書から垣間見ると、読者は自分のいる社会がぬるま湯に思われてくるのではなかろうか。

　将棋界は、うらやましい人材の宝庫でもある。米長邦雄九段や中原誠名人や青野照市八段のような人物が自分の社会にもいたら、と嫉妬すら感じるのは、たぶん筆者だけではあるまい。彼らは将棋のランクでA級に在位しているだけでなく、人間の器がA級なのだ。本書に収録されているのではないが、とある米長語録を引用すれば、「中原誠より温厚な男はいるか？　青野照市より幸せそうな男はいるか？　おれ以上に女を喜ばせられる男がどこにいる!!」。

　しかし人間の魅力に欠ける棋士もいるらしい。「対局で無理をすれば命にかかわる」という相手に、はっきり負けている将棋をながながと夜半まで引き延ばし、ついに相手はふらふらになり一手詰みを逃して敗れる。観戦していた河口氏はこう書いている。

「とにかく私は、あんたはそんなにまでして勝ちたいのか、といいたいのを必死にこらえていたのである。こういうのを、勝負の非情さ、とはいわないであろう。ただ思い遣りがないだけだ」

あるいはまた「いじめの構図」もあるらしい。「異端児を嫌い、それを潰そうとする。とじこもった狭い世界に特有の陰湿なところがある」。

そのほか将棋界のさまざまな人物やエピソードを、河口氏はときにはユーモラスに、ときには辛辣に、ときには歯ぎしりまじりに、綴っていく。たとえ棋譜（将棋の楽譜）が読めない読者も、『一局の将棋一回の人生』（という将棋界の交響曲）を楽しんだという読後感が残るはずだ。

筆者には、とくにつぎの旋律がよかった。大きな一局に敗れた米長九段について書かれた一節。

「負けた棋士は一人になりたがるものである。人知れず涙を流したいからだ。米長も負けたときはフッと消える。ところがこの日は、酒を飲もう、と言いだした。あいにくの雪でホテルのバーしか開いていなかったが、そこにたどりつき、酒が入ると、近松の芝居の話を執拗に続けた。情欲におぼれる男女の話はこんなときにふさわしくないな、と私は不思議に思ったものである」

気分が落ち込んだとき、このくだりを読む。なにやら元気づけられるのが不思議だ。

（文庫、三六五頁、五五二円、新潮社）

中村桂子

JT生命誌研究館館長

『二重らせん』ジェームス・デューイ・ワトソン著

科学者も普通の人間という当たり前のことを書いた初めての本。本書を読んで、科学を日常のおしゃべりに入れてほしい。

推理小説かなと思わせる題名の『二重らせん』（江上不二夫・中村桂子訳、文庫、二四三頁、四六七円、講談社）は、「DNAの構造を発見した科学者の記録」という副題でわかるように、実は、科学発見物語である。しかし、それまでの発見物語と違って、いわゆる偉人伝ではなく、なまじのミステリーよりははるかにワクワクさせるおもしろさがある。

一九五三年の春、イギリスの有名な科学雑誌「ネイチャー」に、半頁ほどの論文が掲載された。本書の著者J・D・ワトソンが、研究仲間であるF・クリックと書いた論文で、遺伝子の本体であるDNAが見事な二重らせん構造をしていることを

なかむら・けいこ　昭和十一年生まれ。東京大学理学部大学院博士課程修了。国立予防衛生研究所、三菱化成生命科学研究所、早稲田大学教授などを経て平成十四年より現職。著書「生命のストラテジー」「生命科学から生命誌へ」「自己創出する生命」ほか。

指摘したものである。当時の日本ではほとんど話題にならなかったこの論文は、いまでは「今世紀最大の発見」といわれる重要な研究の報告とされ、ワトソンとクリックはこの仕事で一九六二年のノーベル医学生理学賞を受賞した。それから五年、ワトソンが、青春の思い出として研究の経緯を書いた本書が、この種の本としては珍しく、ベストセラーに、そしてロングセラーになったのである。

なぜ売れたか。一つの理由は、前にも述べたように、ここで扱われている素材が科学的に超一流だからである。大きな発見について、どんなふうにしてアイデアが生まれたか、どこで悩んだかなどが、発見者自身によって語られているのだから、それがおもしろくないはずはない。それだけではない。この本には、従来の発見物語にはなかった特徴がある。それを紹介するには著者の序文引用が最もよかろう。「私はこの本を読む人びとに、科学というものは門外漢が想像しているほど、すっぱりと理屈どおりにはゆかぬことをわかってもらいたいと思う。それどころか科学の進歩、またときにはその退歩は、きわめて人間臭い事柄であり、そこで主役を演ずるものは、往々にして人間の個性や文化的伝統なのである」

もう少し普通の言葉を使えば、どの世界にもある競争、やっかみ、友情、家族などが率直に書かれているということだ。いわば、科学者世界という、日常あまり接することのない世界を覗き見させてくれる。何に限らず、覗き見の嫌いな人は少ない。しかもそれまで、科学という世界は、聖人君子の知的活動の場のごとく伝えられてきたところだけに、そこを覗いてみたら普通と同じ、時にはもっとえげつない人間模様が描かれているというので評判になったわけだ。

ざっとこんな本なのだが、もちろんこれは単なる暴露物ではないし、ここで若い人に読んでほしい一冊としてあげたのも、科学者の品位を傷つけようと思ってのことではない。

現代は科学技術社会といってよいだろう。どんな職業を選び、どこで暮らそうとも科学技術と無関係の生活は考えにくい。気づかぬうちにその中にすっぽりとはまりこんでいる。しかも、それを恩恵としてだけ受けとめていればよい時代は終わって、これでよいのかとみなで考えなければならない状況になっている。たとえば、地球環境問題はまさに、現代科学技術文明の見直しを要求している課題である。

しかも、この見直しは、従来のように科学と社会を対立させて、科学技術はその専門家が勝手に進め、社会との間のきしみはなんとか妥協点を探して解決するという形では行なえない。すべての分野が科学や科学技術を視野に入れ、あらゆる人が地球をよく知って、この中での上手な生き方を考えなければならないのだ。たとえばいま、離島での飛行場設置問題がいくつか話題になっており、開発か自然保護かの議論が行なわれている。離島の生活が便利になったり、外から大勢の人が遊びにきて地域が活性化することは大事だ。しかし、活性化には自然が大事な資源。それを潰してしまっては元も子もないだろう。その地特有の自然を大事にしながら、なお経済を活性化するにはどうするか。簡単ではないこの問いに答えてこそ人間は賢いといえるのだろう。知恵と知識の総合が求められているのである。

科学を特定の人が行なう特別な活動だと思っている社会では、このような総合は起こりようもない。科学を日常のものにして、みなが、人間自身も含めた自然を正確に理解する必要がある。そのためには、閉じた中で暮らす科学者と科学に無関心の一般人という構図を壊さなければならない。科学者も普通の人間という当たり前のことを書いた初めての本である本書がめっぽうおもしろかったので、最近では本音で書いた科学者の自伝もふえた。それらも読んで、科学を音楽やスポーツと同じように日常のおしゃべりの中に入れてほしい、それが本書を紹介した狙いである。

III

長谷川英祐 進化生物学者

『モモ』ミヒャエル・エンデ著
甘言に乗って大切なものを捨ててしまわないためにも、自分の幸せとは何かを認識することが必要だ。

『モモ』（文庫、四〇九頁、八〇〇円、岩波書店）は、世界的に有名な児童文学作家、ミヒャエル・エンデの代表作の一つである。ある街にやってきた少女モモが、人々から巧妙に時間を搾取する「時間どろぼう」から、みんなを解放する物語だ。初版は一九七三年に発行されている古典である。出色なのは「時間どろぼう」の設定だ。彼らはこう誘惑する。

「あなたは時間を無駄に過ごしています。日々つまらないことにかけている時間を私たちに預ければ、とても良いことにつながります。あなたの時間を無駄にしないために、私たちに時間を預けませんか」

はせがわ・えいすけ　昭和三十六年生まれ。民間企業勤務の後、東京都立大学（現首都大学東京）大学院で生態学を学ぶ。北海道大学大学院農学研究院生物生態・体系学分野准教授。著書「働かないアリに意義がある」ほか。

もちろん、時間を預けてしまえば、常に何かに追い立てられるような焦燥感の中でかけらの余裕もなく生きることになる。そうして奪い取った時間で、時間どろぼうたちは命脈をつなぐのだ。こうした構図は、私たちが生きる現代社会ではごくありふれたものだろう。「私たちのためにあなたの力を提供してください。そうすれば将来、出世を伴う金銭的利益を得られますよ」「あなたの貯金を投資してみませんか？　財産を殖やすことができますよ」などなど。それは当然のことだ。現代の人間社会は経済を基盤に回っており、それに大きく寄与しているのが営利企業と呼ばれる組織だからだ。不思議なことに、経済は常に成長し続けなければならないと、多くの人が信じており、そのためには、売れるものを低いコストで産み出し続けなければ企業間競争に勝てないと信じられている。企業は生き残りを賭けて、労働の対価である給与すらも「コスト」として削減しようと必死になっている。エンデの慧眼は、このような現代社会に生きる私たちの姿を先取りしていたと言えよう。

筆者が専門とする進化生物学の視点から見ると、個人と企業の関係は、アリやハチでの個体とコロニーの関係によく似ている。アリでは、すべての個体が同時に働くと短期的な効率は高いが、疲れて誰も働けない時間が生じるとコロニーは滅びるので、常にだれかが休むようなシステムが進化している。効率向上に突き進む組織は早晩滅ぶので、それを試みた者たちは今、いないといえる。個体を犠牲にした効率追求は淘汰されるがゆえ、不可能なのだ。

それは、「ブラック企業」の興亡を思わせる。ブラックとされた企業は、厳しい労働条件で短期的には利益を上げたものの、その悪評ゆえに現在苦境に陥っている。営利企業には、効率化への重圧がかかっており、いつブラック化しても不思議はない。その中で、これから組織で働こうとする人に重要なことは、自分のために働く意識を明確に持つことだろう。だれかに幸せを預けても返ってはこない。個人が幸せに生きることを認めない企業は存続できない。そもそも経済は人々が幸せに暮らすためにある。機械が生産し、機械だけが売り買いする経済を考えればその無意味さは明白だ。だれかの甘言に乗って大切なものを捨ててしまわないためにも、自分の幸せとは何かについて認識することが必要だ。ちなみに、この原稿のために購入した『モモ』の日本語版は第七十二刷だった。大切なものを知る人が増えることはよいことだろう。

川村隆 日立製作所相談役

『言志四録』佐藤一斎著

会社生活だけではなく、人生いかに生きるべきか。深甚広大な示唆に満ちており、大きな道標になってくれる。

新入社員は学校を出たばかり、まだ社会のことも会社のこともよくわからない。だから最初は、若者のための仕事論的な本を読んで、準備運動をする必要がある。たとえば、橘フクシマ咲江『人材革命』、丹羽宇一郎『負けてたまるか、若者のための仕事論』、山元賢治『これからの世界で働く君たちへ』、瀬戸薫『クロネコヤマト、個を生かす仕事論』などがよいと思う。人は、仕事により鍛えられ、人により鍛えられ、読書・思索により鍛えられ、さあ、がんばろうとの心構えが養える。

そして長い人生を送る道中では、立ち止まって思いに耽るときがたびたびあり、それらの折には広範な人生の書がいる。たとえば、自分の一生では味わいきれない

かわむら・たかし　昭和十四年生まれ。東京大学工学部電気工学科卒業後、日立製作所入社。日立ソフトウェアエンジニアリング、日立プラント建設、日立マクセルの会長を歴任し、平成二十五年日立製作所会長兼社長、二十六年より現職。

生き方を自分の人生と比べるときには、文学書の古典がよい。私の場合は、ドストエフスキーの『カラマーゾフの兄弟』『白痴』『罪と罰』などがそれに当たる。生涯のいろいろな場面でこの饒舌な作品群を何回か読み直す贅沢を楽しみつつある。

もう少し現世に近い場面で考えるときには、B・ラッセル『幸福論』、C・ヒルティ『幸福論』がよい。ねたみ・疲れ・世評へのおびえは不幸につながり、一方、幸せな人の生き方は自分の前に出現した仕事に没頭することだ、とある。それを科学者、芸術家、政治家、経営者そして普通の人々を例にとりながら、詳しい記述がある。

これにやや近い内容の日本の書は、江戸時代の儒者佐藤一斎の『言志四録』であろう。西郷隆盛が愛読し、四録一〇三四条のうち百一条を選んで筆写し、『西郷南洲手抄言志録』として常に手元においていたことでも知られている。「学は自学を貴ぶ。人いたずらに目を以って有字の書を読む。故に字に局し、通透することを得ず。当に心を以って無字の書を読むべし、乃ち洞して自得するところあらん」(言志後録一三八条)、「少にして学べば、則ち壮にして為すこと有り。壮にして学べば、則ち老いて衰えず。老いて学べば、則ち死して朽ちず」(晩録六〇条)、「心理はこれ竪の工夫、博覧はこれ横の工夫、竪の工夫は則ち深入自得し、横の工夫は則ち浅易汎濫す」(晩録六三条）など、生き方への指針に満ちている。たとえばこの晩録六三条は、自分の専門に通暁し、かつリベラルアーツなどにも広い関心を持ち、T定規型の人間をめざすべしということであり、現代でも広く敷衍する考え方である。

さらに、ままならぬ人生を深く考えるとき、吉田兼好『徒然草』が格好の書だ。読書（一三段）、花（一三七段）、人生（九三段）、友（一一七段）そして黄昏（一一二段）など、人生ままならぬと解った後に、負けず・いじけず・挫けないで生きるための書である。この気分を小説のうえに体現しているのは、藤沢周平の一連の作品であろう。『徒然草』のように古典として後世に残るかどうかはわからないものの、『蟬しぐれ』『風の果て』『三屋清左衛門残日録』『海鳴り』『たそがれ清兵衛』『用心棒日月抄』等々には、静謐な爽やかさとでもいうべき日本の味が流れている。

ということで、これら以外も含め沢山ある中から一冊の書ということでムリに選択をすると、『言志四録』（文庫、四四四頁、一〇八〇円、岩波書店）となる。会社生活だけではなく、人生いかに生きるべきかにつき、深甚広大な示唆に満ちており、西郷隆盛ならぬわれわれにも大きな道標になってくれるからである。

ラサール石井 タレント

らさーる・いしい　昭和三十年生まれ。早稲田大学第一文学部入学後、テアトルエコー養成所入団。著書「女の子の元気が出る本」「笑うとは何事だ！」「ラサール石井のコンビニ御膳」ほか。

『チェルシー・テラスへの道』ジェフリー・アーチャー著

小説は現実の生活のためのイメージトレーニングという一面を持つ。絵空事だと思っていても微妙に生活に影響してくる。

　これはいわば立身出世物で、そういう意味でいうとまさに新入社員にはふさわしい本といえるだろう。

　ロンドンの貧しい家に生まれた主人公が、祖父の使っていた手押し車を譲り受け、野菜の行商人となり、もって生まれた商売の才能と、人並みはずれた勤勉さで、着実に商売を繁盛させ、ついにイギリスを代表するデパート王にまでのぼりつめるまでを描いている。

　もちろんそこに行き着くまでには山あり谷あり、もちろんお決まりの戦争もある。それでも主人公はどこにいても才能を発揮し、あわやというところでピンチから逃れ、常に努力を続けるというスーパースターのようなお話である。

といっても、話はそれほど簡単ではない。そこはマンガっぽくならないようにきっちりとその当時のイギリスの雰囲気など再現し、ちゃんと読ませる本になっている。

悪賢いライバルたちとの戦いや、仲間との友情など、けっこう日本的なNHK連続ドラマのような世界で、「細腕繁盛記」や「どてらい奴」などのイメージと似た感じで、読みやすかった。

ジェフェリー・アーチャーという人はなかなか面白いものを書く人で、『大統領に知らせますか』とか『百万ドルを取り返せ』などが有名である。前者は大統領暗殺事件を描き、後者は詐欺に騙された被害者が詐欺師相手に金を取り返すというお話だ。まあ海外小説というと、どうしてもそういうミステリーや冒険アクションものが主流になってしまうが、今回紹介する一代記物や、企業群像ものもけっこう面白いのだ。

といっても、やっぱりあくまで小説だから、現実と比べたら「そうなんでもうまくいくはずがない」と感じる部分があるかもしれない。むしろ自分の抱えている現実とのギャップに嫌になってしまうということもあるだろう。

たしかに現実は小説ほどうまくはいかないし劇的でもないかもしれないが、小説というものは、現実の生活のためのイメージトレーニングという一面を持っている。実は絵空事だと思っていても、微妙に生活に影響してくるのだ。

そういった意味では、生きていく元気や仕事への気力を湧き出させるためには、ちゃんと読書するということがいかに大事かということがおわかりいただけると思う。

おそらくこれを読めば、あしたから仕事をするという希望に胸がふくらむことうけあいで、さまざまな生き方についての自分なりの答えを見つけ、一歩大きく踏み出せることは間違いない。

このほかにはアーサー・ヘイリーの小説も面白い。『ホテル』、『自動車』、『マネーチェンジャーズ』と、各企業の内幕を描きながら、そこに生活する人々の悲哀を群像ドラマにしている。これまた役に立つことこのうえないのでお奨めする。

（永井淳訳、文庫、二巻、上四七一頁、下四八八頁、上七四三円、下六六七円、新潮社）

森谷正規 技術・産業評論家、放送大学名誉教授

『友よ、科学の根を語ろう』菊池誠著

この本は、いまのはかばかしくない状況を脱して、日本が力強く発展する道を考えるのに資するはずだ。

日本は第二次世界大戦後に、技術と産業を大いに発展させた。その発展の主柱になったのがエレクトロニクスと電機産業である。エレクトロニクスの中核が二十世紀最大の革新技術であるトランジスタだが、その研究開発は量子力学など科学に非常に深くかかわっている。科学の進展が、技術発展を支えたのである。

著者の菊池誠さんは、アメリカでトランジスタが生まれた一九四七年の翌年に東京大学理学部を卒業して、電気試験所に入所した。後に「電総研」として世界に名を馳せ、日本の先端技術の強さのひとつのシンボルとされた研究所である。菊池さんは入所してすぐ、トランジスタの研究に取り組んだ。貧弱な実験装置、乏しい材

もりたに・まさのり 昭和十年生まれ。東京大学工学部卒業。日立造船、野村総合研究所、放送大学教授などを経て、平成十八年LCA大学院大学教授。専攻は現代技術論。著書「中国経済 真の実力」「現場の力」ほか。

料をもとに、なんとかしてトランジスタをつくり上げようと、懸命であった。トランジスタの開発は技術だが、それを基礎から深く考えるのは、科学的な思考である。

幸い日本には、優秀な研究者が豊富にいた。なによりも大戦に無残に敗れた日本を科学技術の力で立て直すのだという熱情が研究者にあって、着実に成果を上げていった。さらに、東通工という小さな町工場が、一九五五年にトランジスタ・ラジオを開発して世界中に輸出して、たちまち日本はトランジスタの生産とその基盤となる技術でアメリカに並んだ。戦後わずか十年ほどのことである。この東通工がいまのソニーで、創業者が井深大である。

こうして日本のエレクトロニクスは、華々しく出発した。八〇年代には、一万個を超えるトランジスタを集積した超LSIでアメリカを圧倒し、技術強国といわれるようになった。ところが九〇年代に入って韓国に抜かれ、アメリカに再逆転され、日本の先端技術はかつての輝きを失っているかのようにみえる。この時期に、技術とそのもとになる科学のありかたを真剣に考えるのは、非常に重要なことである。菊池さんは本書で、自らの長い体験をもとに科学の根本を深く考えて示し、若い人たちに科学的な思考をもって研究開発にチャレンジするよう強く訴えている。

その菊池さんは、アメリカに研究留学し、トランジスタを開発したショックレーと密接な交友関係をもち、ひんぱんに国際会議に出席している。そこで、創造に挑戦するアメリカの研究開発の姿勢がさまざまな面から紹介されている。その代表的なものが、ショックレーの言葉であるが、「あなたは洞察力がたいへん優れているのですね」との菊池さんの問いかけにこう答えた。「私は賢くはないよ。君は知らないが、私ほど失敗を繰り返した男は少ないんだよ」といって、さらに付け加えた。「大きな仕事を成し遂げたり、発明・発見をした人ほど、俺はなんと馬鹿なんだろう！　と思っているものなんだ。私も同じだ」。失敗が続けばそう考えたくなるのである。ショックレーは次の言葉で結んだ。「私にひとつだけ優れたところがあるとしたら、それは容易にあきらめない、というところかね」

菊池さんも研究室の仲間としてどんな人がほしいかと尋ねられて、いつも答えるのは二つの条件であり、一つは「好奇心が強い人」で、一つは「執念深くて、あきらめない人」である。科学とは、倦まず弛まず真実を追究していくことであるが、その科学の方法を数々の実例をもとに詳しく述べて明らかにしている。手をかえ品をかえて、自然の姿を垣間見る「実験」を繰り返す。そこで「現象」が明らかにされる。その現象をさらに突き詰めて、「実体」を把握する。

現象をみることから、実体について想像をめぐらしていくのは、研究の中でもいちばん好きな段階だと菊池さんはいう。謎解きのいちばんおもしろい局面であり、犯人の見当をつけて「裏をとる」のが実験で、それに工夫を凝らすのである。

その実体を推論して描きだすのが、メンタル・ピクチャーである。それを袋の中に入っている猫らしき物体を当てるというわかりやすい例で説明するが、科学においてはそれは、高度な抽象概念である。その実例として、結晶の中の電子の挙動を考える半導体のエネルギー・バンド構造を上げている。

そして、抽象概念として描かれた実体を検証していく。そのためにも実験が必要になる。トランジスタの開発も、まさしくこのとおりのステップを経て成功に至った。ショックレーの実験はみなが認める優れたアイデアのもとに行なわれたのだが、失敗が続いた。それは、基本的な考え方の誤りによるものではないかと共同研究者のバーディーンが考えて、実体についてのある仮説を創り出した。その仮説を実験によって検証したのが、同じく共同研究者であるブラッテンである。この三人がノーベル賞を受賞している。

日本の先端技術の進展とともに歩んできた菊池さんは、その見事な進展をもたらした要因を上げているが、それは、いまのはかばかしくない状況を脱して、日本が再び科学、技術で力強く発展する道を考えるのに資するはずである。その要因とは、①アメリカのトランジスタの発明の時期が、日本の復興期であってタイミングがよかった、②当時の日本は、高度な教育が進んでいて、学習する力があった、③戦後の立ち直りの時期であり、国中に熱中する力が溢れていた、④アメリカの後を追う二番手のメリットがあったの四つである。

ところがいま、状況は大きく変わっている。エレクトロニクスはいまは成熟期に入っていて、タイミングはまったく違う。学習力は高いとしても、韓国や中国は追いついてきている。しかも熱中する力は、韓国や中国がかなり強そうである。日本はもはや後を追うのが有利な二番手ではなく、追いかけられる立場になっている。

菊池さんは、科学と技術が国によって、その歴史や文化によって異なるという問題についても一章を設けて述べているのだが、一番手国として発展していくために日本の強さを真に活かす道をこれから探っていく時代になっている。

（B6判、二八四頁、二五〇〇円、工学図書）

鷲谷いづみ 東京大学大学院教授

わしたに・いずみ　昭和二十五年生まれ。五十三年東京大学大学院理学系研究科修了。筑波大学助教授などを経て東京大学教授。平成十二年より現職。著書「にっぽん自然再生紀行」「〈生物多様性〉入門」ほか。

『種の起源』チャールズ・ダーウィン著

生物多様性についての基本的な見方や知識を得るためのもっとも正統的な学びの機会を提供してくれる。

ダーウィンの『種の起源』（渡辺政隆訳、文庫、二巻、上四二三頁、下四三六頁、各八三八円、光文社）は、生物学、とりわけ生態学の最高の古典である。百五十年以上も前に出版されたのだが、そこに記されている事実、それらをつなげて結論を導く論理構成、導かれたいくつかの結論は、今日もその価値を失っていない。それだけでなく、飼育下にある動植物、野生の動植物の別を問わず、生きものとそれらがつくるシステムに関する興味深い話題が満載で、自然史の豊かな世界を垣間見させてくれるガイドブックとしても役立つ。日本で教育を受けた新入社員のみなさんの大部分は、これまで、自然史や生態学に触れる機会がほとんどなかったはずだ。したがって、この本のページをめくることは、見知らぬ分野の世界の扉を開くことを意味するだろう。

私たちのまわりには、さまざまな生きものが生きている。「種」は、種類の違う生物を認識する単位である。たとえば、私たちヒトは近縁なチンパンジーとは別の種だ。クロマニョン人とは同じ種だが、ネアンデルタール人とは別の種だ。大きさも形もはたらきも異なる多くの種は、互いに関係し合いながら生態系をつくっている。一方で、同じ種のなかには少しずつ性質の違う個体が含まれている。これら性格の異なる多様性、すなわち、種の多様性、生態系の多様性、および種内の多様性をすべて含む、生命にみられるあらゆる多様性をあわせて「生物多様性」という。

これらの多様性が急激に低下しつつあることが、私たち人類の将来にもたらす影響が危惧され、その保全と持続可能な利用は、いまでは国際的にも国内でも重要な社会的課題となっている。生物多様性条約にもとづく計画や戦略や法律など、制度的な整備も急であり、企業の活動もそれを無視して展開することがむずかしくなりつつある。

生物多様性とそれをめぐる社会的な動きは、「種」とは何であり、どのような特性をもち、どのように変化するものなのか、といった基本的な知識がないと十分に理解することがむずかしい。生物多様性について理解するための基本的な見方や知識を得るためのもっとも正統的な学びの機会を提供するのが本書である。

ダーウィンが種の起源を論じたのは、自然史によって目を開かれた生物の圧倒的な多様性を前にして、どうしてそれほどにまで多様なのかを理解しようとしたからである。多様性を創世主のきまぐれのせいにして思考停止することなく、それまでに蓄積していた科学的知見と自らの観察で収集した事実を科学的な論理によって結びつけ、考え抜いた。そして、「自然選択」による進化がもたらす「環境への適応」というプロセスの普遍性にたどり着いたのである。それは、日常的な感覚からも理解しやすいプロセスである。すなわち、その環境のもとで、生き残り、多くの子を残すのに好都合な性質が、世代を越えて引き継がれるということだからである。この簡単な原理をしっかり把握しておけば、一見、雑多でばらばらのように見える生物の世界もすっきりと読み解くことができる。

百五十年前の西欧社会では、このあたりまえなことを主張するだけでキリスト教界から総攻撃を受けた。アメリカ合衆国のいくつかの州では、いまだに学校で進化を教えることがタブーとなっている。説明のむずかしい問題に直面したとき、すべては創造主の御心《みこころ》に、ということであれば、科学は必要ない。強力な思考停止装置が作動する社会では、論理的な思考力も萎えてしまうだろう。

さて、適応進化によって生物が示す性質を「戦略」という。それはよく観察すると、まことに理に適った巧みな「環境への対処の仕方」であり、私たちが何らかの問題を解決しようとする際にも参考になる。新幹線の騒音を減少させるためにパンタグラフにふくろうの羽の微細構造を応用するなどである。バイオミミクリーは、生物の戦略をものづくりに活かす技術だ。生物の戦略への目のつけどころや学び方を、理詰めで伝授してくれるのが『種の起源』だ。他方、科学的な見方が論理の適切な積み重ねによって支えられていることを学ぶ書としても最適だ。

ただし、ダーウィンの文章は、論理を厳密に構成しようとするあまり、構文が入り組んでいるため日本語に訳すと難解になりがちだ。英語で考えた論理は、英文で読むほうがずっと理解しやすい。翻訳書ではなく英文(On the Origin of Species by Means of Natural Selection) で読むことをお奨めする。

山西健一郎 三菱電機会長

論語に収められた詞が生まれた背景を知ることができる。「天命を信じて人事を尽くす」が前向きで気に入っています。

『孔子』井上靖著

みなさんご存じの論語は、学而第一「子曰、学而時習之。不亦説乎。」で始まる全十巻の書物ですが、もともと漢文であり、また一語一語に込められた意味は大変深く、なかなか読み進まないのも事実でしょう。論語はそもそも孔子の没後三百年を経て後の研究家によって編纂されたもので、その詞が発せられた背景を知らないと理解しにくいと思います。

井上靖著『孔子』（文庫、五一〇頁、七一〇円、新潮社）は、論語に収められた詞がどのような背景で生まれたかを、弟子の言葉で語る形でまとめた小説で、論語の成立過程を人間味豊かに記しています。孔子は紀元前五五一年に生まれた思想家です

やまにし・けんいちろう　昭和二十六年生まれ。五十年京都大学工学部卒業後、三菱電機入社。生産技術副センター長、同センター長、常務執行役、上席常務執行役などを経て、平成二十二年に社長、二十六年より現職。

が、この頃は秦の始皇帝が登場する前の春秋時代という、小国が乱立し戦乱に明け暮れた時代でした。また、孔子は幼くして親を失い苦学して学問を修めたといわれていますが、五十歳過ぎに魯の国の宰相に取り立てられるも、その後政変により国政に失望し、十四年にわたって逃亡、諸国行脚に出かけることになります。小説では主人公である弟子の蔫薑《えんきょう》（架空の人物）の語りを通して、論語ができるまでの過程を知ることができる「生きた論語」となっています。

小説の中で私が気に入っているいくつかの詞を紹介しましょう。まず「天命」について は一般に天から与えられた使命という意味になりますが、第二章で詳しく解説されています。孔子は「五十にして天命を知る」と天命を知った時期を五十歳としました。これは五十過ぎにいったんは重職を得ることになるも、その後放浪の旅に出る時期と大いに関係があったようですが、乱れた世を自分の周辺から少しずつ良くしていこうという使命感をもったということです。そして、有名な「天命を信じて人事を尽くす」が出てきます。これもいろいろな解釈があるようですが、私は結果を恐れず、自分ができることを精一杯実行すれば、必ず結果がついてくるという意味だと自分なりに解釈しています。なお「人事を尽くして天命を待つ」という言い方もあり意味は同じですが、私は「天命を信じて〜」のほうが前向きな印象があって気に入っています。

次に「君子固《もと》より窮す」。これは弟子の子路が長旅の末に飢え、疲れが重なり、思いあまって孔子に「君子も窮することがありますか」と憤るように問いかけたことへの孔子の回答の場面で発せられました。君子はいざというとき慌てないという意味で、そのためには常に困った状態に身をおいているということです。「小人《しょうじん》、窮すれば、斯《ここ》に濫《みだ》る!」ともつけ加えました。なお、孔子には顔回、子路、子貢という三大弟子といわれる、十四年にわたる放浪の旅に随行した弟子がいますが、この子路はもっとも愛された弟子といわれています。

私はこの「天命を信じて人事を尽くす」を座右の銘にしていますが、人事を尽くすうえで日頃から参考にしてほしいと思い、会社で四月に新入社員へ贈っているメッセージを二つ紹介します。一つは、プロとして自分を確立することです。新入社員のみなさんの活躍の場は世界中に広がっており、今後、さまざまな考え方や多様な価値観をもつ方々と仕事をする機会があります。その中で大切なことは、語学力はもちろんのこと、自分自身の確固たる信念と、自らの仕事は自らでやり遂げるという強い意思をもつプロとしての自己を確立することです。そのためにも、自ら積極的に行動し、あらゆることから学ぶ姿勢をもつ必要があります。学んだことは自身の成長と自信につながり、今後の会社生活における大きな拠り所となります。

もう一つは人的なネットワークやコミュニケーションを大切にすることです。一人でできることには限界があります。なかなか解決しないことが、さまざまなネットワークを活用しコミュニケーションをはかることで、意外とすんなり解決した経験は、みなさんにもあるでしょう。さまざまな部門と連携・協力することができれば、一人ではなしえない大きなシナジーを産み出すことが可能となります。ＩＴの発達によりコミュニケーションの手段も多様化していますが、直接のコミュニケーションが重要と思います。

そして、私が会社の中で言い続けている言葉は「変化は進歩」です。あくなき努力を重ね、変化し続けることから新たな価値が生まれると考えています。井上靖は八十三歳で亡くなるまで数々の名作を世に出しましたが、『孔子』は亡くなる一年前に書かれた作品で、作者のこの作品へかける意気込みに改めて感銘します。舞台となった中原の大平原の地に行けば、今でも孔子に会えると思える推薦の一冊です。

吉森賢　横浜国立大学名誉教授

『武士道』新渡戸稲造著

日本人が誇りとすべき基本的価値観とその源泉を明らかにし、欧米人に理解しやすい形で書かれた。

一九九〇年の日本で大学教員がこの本を推薦することは若干の勇気が必要であった。よくて反動主義者、悪くすれば軍国主義者の烙印さえ押されかねないからである。しかし、二十四年後の今日、確信をもって、私は若い日本人に『武士道』（文庫、一五九頁、六〇〇円、岩波書店）を推薦する。太平洋戦争の終了時、私は小学一年生であった。新学期は終戦前の教科書の一部の言葉や文章を墨で塗りつぶすことから始まった。当時この意味は全くわからなかったが、子どもながらにこの経験は異様であったとみえて、いまでもこの情景は鮮やかに記憶している。塗りつぶされた箇所は日本人の愛国心をそそる伝統的価値に関するものであった。こうして私の年代のみならずあらゆる日本人からは日本人として正当な誇りが欠落することになった。

よしもり・まさる　昭和十三年生まれ。東京外国語大学独語科卒業。ＩＮＳＥＡＤ・ＭＢＡ、モンペリエ第Ｉ大学経済学博士。パリ第九大学客員教授、国際大学大学院教授、横浜国立大学教授などを経て平成十六年、放送大学教授。著書「企業家精神衰退の研究」「日米欧の企業経営」ほか。

長じて私はフランスに十年滞在する機会をもった。人は故国から遠く離れ異国の中で長年住むと、愛国心が高じやすい。私が滞在した一九七五年から一九八五年までは日欧間で貿易摩擦が深刻化し、フランスのテレビや新聞、雑誌で日本が非難されることが多くそのたびにあたかも自分自身が全フランス人に攻撃されているような衝撃を受けた経験が何回もあった。その上、周知のようにフランス人はその愛国心で有名である。フランス政府のフランス語保護への努力、毎年七月十四日にフランスのどんな小さな村や町でもみられる戦没者記念碑への行進などの経験を通じて、私は愛国心なるものをフランスで初めて発見したといえる。

この本は、このような滞在から帰国してまもなく読んだ。大学の図書館でみつけた英文版であった。読み進むうち覚えた興奮はいまでも忘れがたい。

この本の眼目を紹介しよう。武士道とは武士が遵守すべき道徳律の総体である。それは暗黙に了解された不文律であり実践と性格形成を第一の目的とする。武士道は日本の諸宗教、諸規範の集大成である。すなわち武士道は、仏教からは運命に対する従容とした信頼、不可避な運命への諦観、危機と災難に際しての悲愴なまでの沈着、生の軽視と死への親しみを吸収した。神道からは主権者への忠誠心、祖先への尊敬、親への敬愛を取り入れた。これから日本人の愛国心と忠誠心が生まれた。

そして、儒教からは五倫（父子、君臣、夫婦、長幼、朋友間の倫理）を摂取した。これらは以下の実践すべき具体的徳目となった。正直、正義、誠実、仁愛、名誉、忠誠、勇気、礼儀、質実、感情抑制である。

武士道の最も強力な道徳的規制は正義の心、誠、正直である。武士にとって、不正を働くほど卑しむべき行為はない。誠実は骨であり、頭は骨があって安定するように、誠実がなければどんなに才能、知識があっても武士にはなれない。次に名誉、名前、面目の重視である。それは廉恥心と一体をなす。孟子とカーライルは「恥はすべての徳の土壌である」とする点で一致している。それは死よりも重要である。武士は切腹を、犯した罪への償い、過誤への謝罪、不名誉からの逃避、誠実の証明などの証として行なってきた。新渡戸は「名誉が失われたら、死は救いである。死こそは不名誉からの確実な逃避である」なる西欧人の言葉を引用する。次に仁愛、慈悲心、寛容、思いやり、同情、憐憫の心情は武士道の指導者道徳、あるいは政治道徳の側面として強調された。すなわち、これらの性格をもって初めて、指導者としての武士に民衆は誇り高く服従する。武士道のもう一つの重要な要素は感情抑制である。それは日本人の感情の興奮しやすさ、繊細さが表面化しないためになされる自己抑圧である。次に質実、倹約は経済的理由よりも欲望の抑制として実行された。贅沢は武士への最大の危険であり、武士は質素に生活することを要求された。このようにして、日本においては西欧とは異なり、富（町人）と権力（武士）が同一の人間、同一の階層に集中することがなかった。

武士道の今日的意義は次にあろう。第一に、日本人が誇りとすべき基本的価値観とその源泉を明らかにしていることである。武士道はイギリスの紳士の概念に匹敵する理想的人間像である。新渡戸がいうようにその精神は広く日本人に共有された価値観であった。読者はこの中に今日の日本人の思想、行動を理解する多くの鍵を見い出すであろう。第二に、この本は外国人に日本人を理解してもらうために直接、英文でしかも欧米人に理解しやすい形で書かれた。新渡戸は武士の家に生まれ、クリスチャンとなり、東京大学で学び、アメリカのジョンズ・ホプキンズ大学、ドイツのベルリン大学、ハレ大学に留学し学位を取得した。アメリカの女性と結婚し、東京大学で教鞭をとり、その後、国際連盟事務局次長を務めた。これは日本を愛し、その精神的伝統をよく知り、その上、欧米の文明と言葉を熟知する日本人によって初めて書かれうる著作である。しかも偏狭な自国中心思想に陥ることなく、日本人の本質を見事に描き出すことに成功した。その意味で新渡戸は日本の国際人の原型である。

上田準二 ファミリーマート会長

『逆境の中にこそ夢がある』蒲島郁夫著

「夢」は口に出してこそ叶うもの。元気を出して、勇気をもって、その実現に向かって進んでほしい。

本書は、現在、熊本県知事を務めておられる蒲島郁夫氏の自伝である。

熊本県の片田舎の貧しい家庭に生まれ育った著者は、勉強は大嫌い、運動も嫌い、おのずと学校では落ちこぼれていく。高校を卒業後、なんとか農協職員に採用されるが、少年時代からの三つの夢、すなわち小説家になること、政治家になること、牧場経営をすることを叶えるために退職し、渡米。その後、一転してネブラスカ大学入学、ハーバード大学博士、そして東京大学教授となるまでの、いわば立身出世物語である。堅苦しく、むずかしい話は一切ない。エピソードも実に愉快だし、著者の逆境の中でもユーモアある人柄に触れ思わず微笑んでしまうのである。

うえだ・じゅんじ　昭和二十一年生まれ。四十五年山形大学文理学部卒業後、伊藤忠商事入社。畜産部長、プリマハム取締役などを経て、平成十二年ファミリーマート顧問。十四年社長、二十五年より現職。

何よりも、秋田県の片田舎で生まれ育ち、高校ではろくに受験勉強もせずクラスで厄介者だった私にとって、同年齢の著者に深い親近感を覚えざるをえなかった。

著者は、十人家族の極貧生活で育った。新入社員諸君には想像もつかない生活だ。当時としてはけっして珍しいことではないが、家族、隣近所、親戚縁者、こうした人たちが互いに助け合いながら生きてきたのである。かつての日本は厳しくも明るく、たくましく生きる家族がどこにでもあった。そんな温かさにもこの本は触れることができる。

著者は小学校二年から新聞配達を始めることとなる。その頃から新聞を読みあさり、そしてあるとき一冊の本との出会いによって、以降、読書熱にかかっていく。高校に入ると学校へも行かず、一本松の下で読書にふけるのである。もっとも考えてみれば、私たち田舎少年にとって文化・娯楽といえば本くらいしかなかったのである。著者は「本を読むだけで、自分の知らないことを擬似体験できる」としている。まったくの同感である。私もある一時期、初めての状況なのに過去に経験したような感覚を覚えたり、未来予想が的確に当たったりして、もしかして予知能力があるんじゃないかと思ったこともあった。実はそれは、昔読んだ小説の局面を自分の人生に置き換えていただけだったのである。百冊の読書は百の人生体験、心に残ればば生涯の指針となる。したがって、新入社員諸君においては、どんなジャンルも問わない、とにかくいろいろ書物と出会ってほしい。そこに人生のヒントがみつけられることがあるのである。

本書に話を戻そう。著者は夢の実現のために退路を断って渡米する。お金もない、語学力もない、コネもない、まさに裸一貫の挑戦。ただし、そこからが現在に至る大逆転の人生を歩むことになる。そこには計り知れない努力があった。著者曰く、「一二〇%の力を出せばどんな逆境も乗り越えられる」。はたして当社にここまで言い切れる自信がある社員が何割いるか、もしかすると一〇〇%の力も出し切れていないのではと、いささか耳の痛い名言であった。そして著者が常に大切にしてきたことは、人との出会い、つながりである。私も常々、ある出来事に遭遇したときや、時々の人との出会いに際して自らがどう動いたか、あるいはただやり過ごしてしまっていたか、いずれにしても成功や喜びは黙っていても飛び込んでくるものではなく、自らの意思で体を動かさなければ新しい扉は開かないと考える。

著者は「どんな人生にも最低五度のチャンスが潜んでいる」「一歩前に踏み出すか

どうかが、人生を変えるチャンスである」と伝えている。かくいう私も、社長就任以来、「元気」「勇気」「夢」という言葉を、社内外を問わず至る場で口にしている。仕事はけっして楽しいことばかりじゃない。人間関係にも疲れる。上司から言われ嫌々やる仕事もたくさんあるでしょう。そんなとき、自ら元気や勇気を出して挑めば、半年かかっていた仕事が一ヵ月で、一週間かかっていた仕事が三日で終わるかもしれない。そういう仕事には必ず達成感もある。そしてなにより、夢は人から与えられるものではない。自らが口に出してこそ叶うもの、こういう意味を込めている。逆境を乗り越えるには、自らが感じ、気づき、動かなければ何も解決しないのである。

最後に、新入社員のみなさん、夢を見つけ、大いに語り、叶えるために進んでいくことで、必然と自らのやるべきこともしっかり定まってくるもの。そのような意味でも、本書は悩んだとき、苦しくなったとき、逃げ出しそうになったとき、きっとあなたに勇気を与えてくれることでしょう。

（B6判、二四六頁、一五〇〇円、講談社）

小谷野敦 比較文学者

『ポーツマスの旗』吉村昭著

なんだか最近、人気のある者が勝ち、みたいな風潮がある。嫌われることに耐えるのも立派な人間の資格のひとつ。

私は、一般企業に勤めたことはない。それでも、大学という組織に属して給料をもらっていたことはあるし、人の世というものがどうも一筋縄でいかないことは分かっている。理不尽なことも多々ある。親の遺産がたんまりあるなら、好きなことをして暮らすこともできるし、才能があるなら自由業でやっていくこともできるが、普通の人はそうはいかないから、現代社会では組織に属し、理不尽なことに耐えながらやっていかなければならない。そんな中で、自分に対して不正直であっても、すいすいうまく世渡りしていく方法というのもあるだろうが、私としては、最低限の自分に対する誠実さを保ってほしいと思う。とはいえ、まるっきり人の世に

こやの・あつし　昭和三十七年生まれ。東京大学総合文化研究科博士課程修了。学術博士（比較文学）。大阪大学助教授、国際日本文化研究センター客員助教授などを経て、現在東京大学非常勤講師。著書「〈男の恋〉の文学史」ほか。

背を向けて生きるというのも、普通の人には勧められない。そこで、組織の一コマでありながら、やや不器用な生き方をせざるをえなかった人物を描いた作品を推薦したいと思う。

これは、一九〇五年、日本全権委員としてアメリカのポーツマスで開かれた日露戦争の講和会議に臨んだ当時の外務大臣・小村寿太郎を主人公とする歴史小説である。小説とはいえ、吉村は史料に忠実な作家だから、基本的なことがらは違っていないと思う。日露戦争は、とりあえず日本が勝利したことになっているが、実際は、とうてい戦争を継続できる状態ではなく、日本政府はそのことをロシヤ側に隠しながら、有利に講和条約締結をめざそうとした。けれど、そのことをロシヤに悟られてはならないため、日本の一般国民にも戦争の実情は知らされなかった。したがって国民は、ロシヤから多額の賠償金と領土の割譲が得られるものと期待していた。けれど、ロシヤは全権ウィッテを立ててかなり強硬な姿勢で講和会議に臨み、日本側は賠償金を抛棄するなどの譲歩を重ねつつも、何とか有利な条件での講和を目指し、かろうじて南樺太の割譲を勝ち取る。しかし、国民が期待していたよりははるかに不利な条件での講和の内容が伝えられると、国民は激怒した。

政府が弱腰だと思い、怒った民衆は、日比谷公園に集まって抗議運動を行ない、ついで警察署、派出所に次々と火をつけ、米国公使館、内務大臣官邸に押し寄せ、キリスト教会や、講和条約を支持した国民新聞社にも焼き討ちを行なった。いちばん損な役割を引き受けた形になったのが、小村である。船で出発する時は、国民は歓呼の声をあげて見送った。小村は、見送りの桂太郎総理に「帰国する時には、人気は全く逆でしょうね」と言った、というが、その通りだった。暴徒たちは、小村を「国賊」と呼び、天皇に謝罪せよ、小村を斬首せよ、と叫んだ。日清戦争の講和会議のために来日した清国全権の李鴻章が暴漢に襲われた時は勅語を発して民衆を抑えた天皇は、むろん事情を知っているが、今回は事実を国民に伝えることはできない。つまり小村は、ほとんど全国民から憎まれる役割を担ったわけである。不穏な情勢の中、帰国した小村が新橋駅で汽車から降りる時には、出迎えに来ていた桂首相と陸軍大臣・山本権兵衛が、「小村の腕をかかえてプラットフォームの出口に進んだ。かれらは、小村に爆裂弾か銃弾が浴びせられた折には、共に斃れることを覚悟していたのである」という。日本の軍国主義を準備したとされる桂だが、この記述で、私は彼を見直した。

なぜ、この小説を勧めるのか。現代日本人の間に、とかく人に好かれようとする精神が瀰漫しているように思うからである。もちろん、悪事を働いて憎まれるのは論外だし、人に好かれたいと思うのも人情の自然だ。けれどこの小村のように、正しいことをしているのに人に憎まれるということは、往々にしてある。だが、たとえば中学、高校、大学の教師が、生徒や学生に嫌われることを恐れて、甘い顔を見せ、甘い点をつけたり、親が子供に嫌われたくないために、きちんと叱ることができない、ないし若手文化人が、若者に媚びるような、女権論者に媚びるような言辞を弄する、その類である。政治家だって、人気が落ちれば選挙に通らないから、甘い言葉を口にする。たとえば日本人は、東京の上野に銅像の建っている西郷隆盛が好きだ。けれど、征韓論を主張して容れられず下野し、心ならずも、とはいえ、不平士族の反乱に祭り上げられた西郷が、悲劇の人ではあっても、近代化の必然に逆らった人であることは否めない。私はむしろ、かつて親友だった西郷を討ち、非情の人のように思われている大久保利通を尊敬する。

もっともそれでは話が大きすぎるし、異論のある人もいるだろう。私が言いたいのは、大人になって社会に出れば、時には憎まれ役を引き受けなければならない場合もあるということだ。この世間には、本当のことを言えば自分が悪くないのが分かってもらえるのに、事情があって言えずに、憎まれてしまうこともある。だが、そんな状況に置かれて投げ出すようでは仕方がない。逆に、憎まれることを承知で、真実を言わねばならない状況というのもある。最近問題の内部告発もそういうことの一種だろう。小村の場合で言えば、たとえば伊藤博文は全権の役目を断っている。こんなふうに、うまく立ち回って憎まれ役を演じることなく生きてゆく者もいるだろう。しかし嫌われることに耐えるのも、立派な人間としての資格のひとつである。なんだか最近、人気のある者の勝ち、みたいな風潮があるのも、苦々しいことだ。

ただし、小村の不幸のうち、真似をしないでほしいところもある。「かれの大きな誤算は、妻の町子であった。かれが町子を妻にめとったのは、その美貌にひかれたからであった」。だが町子は芝居見物を唯一の趣味とする「幼児のような女」で、小村は悩まされた。もちろん、この点で小村の轍を踏まないでほしい、というのは男たちに対する警告である。容貌に惑わされて、楽して生きたいと思っている専業主婦志望の女と結婚したりしないよう、万全の注意が必要だ。

（文庫、四四三頁、六三〇円、新潮社）

松村洋
音楽評論家

『冒険としての社会科学』橋爪大三郎著

立場や意見の異なる人たちと筋道の通った議論をしながら共存していく能力は、練習しなくちゃ身につかない。

まつむら・ひろし　昭和二十七年生まれ。東京大学文学部社会学科卒業後、NHK入局。TVディレクターを経て現職。著訳書「8ビート・シティ」「メディア遊走」「ワールド・ミュージック宣言」「唄に聴く沖縄」ほか。

日本人は討論や議論がヘタだ、といわれる。もちろん、じょうずな人だっているのだが、一般論としてはヘタだというのも当たっているかもしれない。なぜなら、日本人は概して〝理屈〟が嫌いらしいから。

その証拠に〝理屈っぽい〟というのは悪口でしょう？　理屈とは、物事の筋道のこと。何につけ、筋道の通った考え方にこだわるのが理屈っぽいということで、それが悪口だということは、日本人が筋道の通った考え方というのをあんまり信用していないからに違いない。ところが討論というのは、意見の違う者同士が筋道の通った話し合いを積み重ね、おたがいの相違点や一致点を明らかにし、説得したりされたりしながら何らかの合意に達するための手続きだ。でも筋道を通すことが軽視されるとしたら、やはりそれは討論を軽視することにつながる。それが極端になると、民主主義の軽視にまで至るのではないか。軽視されているものは、学校でも社会でもいい加減にしか扱われないから、いつまでたってもうまくならない。

もうひとつ、「人間は理屈では動かないもんだよ」というのも、一般に日本人の好きなフレーズじゃないだろうか？　たしかに人間というのは複雑な生き物で、機械のように一から十まで理屈で動くわけではない。でも、まったく理屈抜きに行動するだけというわけでもない。理屈が重要な場合もあるのだ。そこで、理屈でわりきれないことはたくさんあるが、理屈の及ぶ範囲ではちゃんと理屈を理解する必要がある。「大事なことは理屈ではわからない」というのを、理屈の領域でサボるための口実にするのはマズイと思う。

社会の理屈の部分は、法律という形で具体化されている。法律の土台は、憲法だ。『冒険としての社会科学』（新書判、二六三頁、一七〇〇円、洋泉社）は、日本国憲法のいちばん重要な部分や、法律とは何かということを、とてもわかりやすい表現で語ってくれる。筋道を通して考えていくと、現実の社会の中で筋道の通らないところが逆にハッキリとみえてくる。マスコミや、いじめや、天皇のことや、日常生活の中のいろんなことを、改めてしっかり考え直そうとするとき、この本はとても参考になる。著者によれば、これは「自分の社会についてよくわかる」ようになるための本だ。「社会科学」といっても、学者向けの専門書ではない。私たちが、ふだんの生活の中で、自分の住んでいる社会のことをきちんと筋道を通して一所懸命考えながら生きていく。それが、著者のいう「社会科学」だ。

さらに、社会科学は西欧で生まれたものだから、西欧的なものの考え方を理解するのにも役立つ。それとの対比で、日本的なものの考え方も一層鮮明にみえてくる。特に最近は〝国際化〟の重要性が叫ばれているが、国際化とは「外国旅行にでかけたり、英語が話せたりすることではない。日本人が国内で、どう世界に通用する行動パターンをとるか」だと著者はいう。これはいま、とても重要なことだ。そこには、立場や意見の異なるいろんな人たちと筋道の通った議論をしながら共存していく社会的能力を身につける、ということも含まれるだろう。でも筋道を通して考え、発言する能力は、練習しなくちゃ身につかない。そういう練習をしようじゃないかという著者の呼びかけが、この本には込められているように思う。

土屋賢二　お茶の水女子大学教授

『荒鷲の要塞』アリステア・マクリーン著

意外性、スリル、論理性、爽快さ。
読書の楽しさを知る絶好の本。

この一冊さえ読めばいい、という本はない。本の性質や目的は、本によってさまざまだし、読者もさまざまだ。どうしても一冊しか読みたくないというなら、これまで出版された本を全部まとめて一冊にした本を読むしかない。

本については誤解があり、本は有意義なものでなくてはならないと考えられる傾向がある。だが、なぜ本にだけ有意義であることを要求するのだろうか。有意義さを求めてテレビの野球中継やお笑い番組をみたりするだろうか。有意義さを求めてパチンコや競馬をするだろうか。本だけが有意義でなくてはならぬ理由はない。

人によっては、「本は有意義でなくてもいいかもしれないが、最低でもおもしろ

つちや・けんじ　昭和十九年生まれ。東京大学文学部哲学科卒業。著書「われ笑う、ゆえにわれあり」「われ大いに笑う、ゆえにわれ笑う」「汝みずからを笑え」、哲学論文集「猫とロボットとモーツァルト」ほか。

くなくてはならない」と考えている人もいる。これも偏見だ。本というものはそんなものではないことを示すために、有意義でもなければ、おもしろくもない私の本をあげようと思ったが、今回は「本をたくさん読むようになってもらう」というもっと大きい目的がある。おもしろい本をあげることにした。

そもそも本を数冊しか読まないであらゆる場合に対処しようとする根性が卑しい。何の意味もないように思えた本からでも多くを学ぶことがある。何も学ばなくても「またハズレだった」と思ってすませ、「五十冊読んで一冊おもしろい本があればいい」と思うようでありたい。何十万分の一しか当たらない宝くじを買っているのだから五十分の一なら十分なはずだ。五十冊のうち四十九冊は無駄でもいいと考えることができれば、わたしの本を買うこともできるはずだ。

本を数多く読んでいると、批判精神が発達し、これはインチキな本だとか、いい加減に書いているとか、気取っているだけだ、といった読み方ができるようになる(私の本はそういう批判精神が発達する前に読んでほしい)。

『荒鷲の要塞』(平井イサク訳、文庫、三二九頁、六四〇円、早川書房)は冒険小説だ。冒険小説といっても、南極を逆立ちで横断したといった冒険物語ではなく、謎解きやサスペンスの要素も備えた冒険主体のミステリーである。

ミステリーには傑作がたくさんあるが、個人的にはこのマクリーンという作家が一番好きだ。筋がこみいっていて、予断を許さない。最初から最後までスリルとサスペンスの連続で、たるむところがない。展開がきびきびしていて無駄がない。最近のミステリーによくあるように、登場人物を長々と紹介してあるから重要人物かと思って読んでいると、一番先に殺されたりする、といったことがない。主人公が意味もなく恋に落ちたり、過去の出来事をくよくよ悩んで酒におぼれたり、離婚されて慰謝料の支払いに困っている、といったどうでもいい部分がない。

謎解きの要素もあるが、インチキだとかこじつけだと思わせるところがなく、論理は緻密である。この点で、できの悪い答案とは正反対である。無理な水増しや、こじつけだらけの理屈などは、仕事で読む答案だけで十分だ。

主人公には、脱出不可能に思える絶体絶命の危機がふりかかる。前世で悪いことをしたのではないかと思うほど次々にふりかかるが、筋の展開が巧みなため、すべて必然の流れと感じられる。この危機の脱出の仕方がまた、安易に流れることがない。敵が都合よく間抜けだったとか、敵が急に心臓発作を起こすとか、警官が偶然通りかかるなどの安易な方法には頼らない。また主人公は、異常に体力があるわけでもなく、拳銃や爆弾や格闘技などの特殊技術があるわけでもない。主人公の武器は頭脳と精神力だ。最高に手ごわい相手を、それを上回る頭脳で出し抜くのだ。

映画の原作としても最適で、事実、映画化されている。映画もできがよくておもしろいが、本で読むほうがはるかに楽しめる。文章がいいのだ。次々にたたみかけるような文章は、ドストエフスキーやスティーブン・キングに通じるところがある。

意外性、スリル、論理性、爽快さがこの本にはある。私は彼の本を手に汗にぎって読み、数日間は、寝る前に「ここで敵がこういう手でくるのを、主人公がこう裏をかく」などと筋を反芻するのが楽しくてならなかった。

読書の楽しさを知るには絶好の本だと思う。事実、友人らにすすめてきたが、おもしろいと感想を述べた者が十人中四人もいた。私の本をすすめたとしたら、おもしろいと思う者は一人でも多いくらいだ。たとえ楽しめなくても、学べることはある。「何をおもしろいと思うかは人によって違う」とか、「他人がいうことは信用できない。特に土屋は信用できない」とか。自分がおもしろいと思える本を求めて読書遍歴に乗り出す人が五十人に一人は出ることを期待する。

外山滋比古

お茶の水女子大学名誉教授

『寺田寅彦全集』

日々の仕事に追われていると、目にくもりを生じてしまう。そのとき目を洗うのにこれほどよいものはない。

あるすぐれた学者が、ものが書けなくて行きなやむときは、いったん原稿をはなれて、漱石の文章を読むことにしている。しばらくすると、不思議にペンが走るようになる、と述懐しているのを読んだことがある。たえず書きあぐねている人間はこういうことばからつよい印象を受ける。さっそくまねてみる。なるほど効果がある。しかし、そのうちに漱石をペースメーカーにするくせはなくなってしまった。自分にはその学者ほどにはぴったりしないのかもしれない。そう考えた。

なくなった某評論家はこんなことを書いた。頭がごちゃごちゃしてきたら、寺田寅彦のエッセイを読むことにしている。そうすると、頭がきれいになるのが自分で

とやま・しげひこ　大正十二年生まれ。東京文理科大学英文科卒業。東京教育大学助教授、お茶の水女子大学教授などを経て現職。文学博士。著書「人生を愉しむ知的時間術」「ことばと人間関係」「ユーモアのレッスン」ほか。

もわかる、というのである。

これは即座に共鳴した。まねをしてみようというまでもなく、それまでに数十年、はっきりは意識していないが、同じことを経験していたからである。そう言われると、実は、私もそうで、と朋あり遠方よりあらわる、の思いであった。

寅彦は漱石の愛弟子である。漱石を読むと文章が書けるような気がしてくるという、寅彦を読めば頭が澄んでくるといわれるのもそこに偶然ではないなにかがあるのかもしれない。この世に本はあふれるほどあっても、人を動かす力をもつ本というものがそんなに多くあるわけはないのである。

私は学生のときに寅彦によってものを考えるおもしろさの味を覚えた。きっかけははなはだ散文的で、中学校の国語の教科書に吉村冬彦のペンネームでのっていた文章だった。どんなすぐれた作品も教科書にのったとたんに命を失ってしまう。名作は学校で教えるな、などという人がいるけれども、そうとばかり決めつけられないと思う。時と場合によっては一生の影響になることもないではないことを私は証言できる。

教科書で読んだのは「科学者とあたま」である。それは、

「『科学者になるには〝あたま〟がよくなくてはいけない』これは普通世人の口にする一つの命題である。これはある意味ではほんとうだと思われる。しかし、一方ではまた『科学者はあたまが悪くなくてはいけない』という命題も、ある意味ではやはりほんとうである。そしてこの後のほうの命題は、それを指摘し解説する人が比較的に少数である」

という文章で始まる。科学者がなぜあたまがよすぎてはいけないのか、なぜ、すこしあたまが悪い方がよいのかの説明に当たって、寅彦は絶妙なアナロジーを用意している。

「いわゆる頭のいい人は、言わば足の早い旅人のようなものである。人より先に人のまだ行かない所へ行き着くこともできる代りに、途中の道ばたあるいはちょっとしたわき道にある肝心なものを見落す恐れがある。頭の悪い人、足ののろい人がずっとあとからおくれて来てわけもなくそのだいじな宝物を拾って行く場合がある」

「頭のいい人は、言わば富士のすそ野まで来て、そこから頂上をながめただけで、それで富士の全体をのみ込んで東京へ引き返すという心配がある。富士はやはり登ってみなければわからない」

「頭のいい人は見通しがきくだけに、あらゆる道筋の前途の難関が見渡される。……そのためにややもすると、前進する勇気を阻喪しやすい。頭の悪い人は前途に霧がかかっているためにかえって楽天的である。そうして難関に出会っても存外どうにかしてそれを切り抜けて行く。どうにも抜けられない難関というものはきわめてまれだからである」

こういう新しい切り口から問題を解明していくやり方は寅彦随筆を通じて認められる。固定観念にとらわれない科学者の目と美しさにするどく感ずる芸術家の心が融合するという稀有の存在である。自由で柔軟な思考は見のがされている大小の問題をとらえ、新しい世界がそこにあることを教えてくれる。寅彦にとってすべてのものが発見のきっかけになる、驚異にみちたものであった。それを読むことによって、知識の固い殻を知識と勘違いしているものは文字通り目からウロコの落ちる思いをする。日々の仕事、雑事に追われていると、目にくもりを生じ、見えているものが見えなくなってしまう。そのときに目を洗うのにこれほどよいものはない。頭をよくしてくれる文章である。

本を読むといっても一度しか読まないのが普通だが、本当の本はくりかえし読めるものでなくてはならないだろう。くりかえし読めたら、ひとがどう言おうと、自分にとって古典である。ひとときはおもしろくて、やがて忘れてしまうような本をいくら読んでもつまらない。自分の古典に早く出会えたら人生の幸運である。

寅彦随筆集に親しんだら、モンテーニュの『随想録』がおもしろくなる。

（四六判、新版第I期全集十七巻、三〇四～五一六頁、三七八〇～四〇〇〇円、岩波書店）

IV

瀬谷ルミ子　日本紛争予防センター理事長

『リーダーは自然体』増田弥生・金井嘉宏著

自分のなかにあるはずの「リーダーシップの芽」を育てるためのヒントにあふれている。

「現在、勤めている会社からあなたが去ったとしたら、職場から何が失われますか」

読者にこの質問を投げかける著者の増田弥生さんは、グローバル戦略推進のためのリーダーシップ開発と組織開発のスペシャリスト。日本でリコーに勤めたのちリーバイスに転職、その後ナイキ米国（アメリカ）のアジア太平洋地域人事部門長を務めたという経歴を持つ。こんな日本人がいたんだ、というのが私の最初の感想だった。

そんな彼女は、ヘッドハンターを通じたナイキとの面接で、ナイキブランドの幹部に逆にこう質問した。

せや・るみこ　昭和五十二年生まれ。中央大学総合政策学部卒業、イギリスブラッドフォード大学紛争解決学修士号取得。国連PKO、外務省、NGOでの勤務経験を持つ。専門は紛争後の復興、平和構築、治安改善、兵士の武装解除など。平成二十五年より現職。JCP M取締役。

「もしこの地球上からナイキという会社がなくなったら、人類は何を失いますか」

彼女の質問に対するナイキ側の答えとその後のやりとりも印象的なのだが、その幹部は面接のあと、「彼女は一味違う。だから採らなきゃ」と言うのだった。

日本の組織にとって、グローバル化とリーダーシップ開発が重要課題であるとよく言われているが、これは民間企業だけでなく、政府機関や教育機関も同様だ。一方、どうすればそれらを実践できるのか、私にも相談がくることがあるので、頭を悩ませている組織は多いのだろう。

私自身は、二十年弱のキャリアを通じ、ソマリアやアフガニスタンをはじめとする紛争を経験した国々十数ヵ国で、国連機関、外務省、NGO（非政府組織）の職員として、復興支援と平和構築を専門にしてきた。具体的には、元兵士の武装解除、軍人・警察・行政官など治安部門の訓練、被害者の心のケア、対立する住民の和解などを通じて、紛争地の安定化を促す仕事だ。

現場にいると、「なぜ欧米や中国・韓国は進出しているのに日本企業だけいないのか」「日本はお金を多く出してくれるが、日本人の専門家はそれほどいないのはどうして？」とよく訊かれる。増田さんによると、多国籍の企業でも日本人の人材があまりいないらしい。彼女は本書でその理由を、日本でリーダーシップに対する理解が欠けているから、と述べている。

海外での職務経験という以外に私と増田さんの仕事に共通点はほとんどないのだが、本書を通じて彼女の意見に同意することがことごとく多い。本当に役に立つ人材は、国境や分野や組織などの垣根を越えて身一つでどこでもポジティブな変化を生める、いわばボーダレスな活躍ができるもの、というのが私の持論でもある。

増田さんが本書で一貫して発信するメッセージの一つが、リーダーとは、役職や立場を指すのではなく、行動の形、存在の仕方であるということ。そして、リーダーシップとは、適正ある一握りの人間だけがもつ能力ではなく、ふつうの人間が肩肘張らず自然体で発揮できるもの、ということだ。彼女は、リーダーシップとは、筋肉と同じように子どもから大人まで、だれにでもあるものであり、自分にその能力がないという人は、それを使っていないか鍛えていないだけだ、と言う。そのうえで、あくまで自然に無理をせず、国際的にも通用する「自分らしい」リーダーシップが何なのか、まず自分自身を知ることから始める「筋トレ」が必要なのだ。

ちなみに、経歴を聞く限りバリバリのグローバルキャリアを邁進している増田さんなので、つい「彼女は優秀だからできるんだろうけど、自分は…」と距離を感じそうになるが、新入社員時代はお茶汲みやコピー取りなどの雑務をする日々で、英語は大の苦手だったとのこと。そんな自称「ふつう」の新入社員が、世界有数の企業であるナイキの幹部に至る道のりを追体験していると、小さな意識改革と創意工夫の積み重ねであることがわかり、自分にも手の届く範囲でできるんじゃないかと思えてくるから不思議だ。

増田さんは、その後ナイキに熱望されて幹部として採用され、ハッピーエンドと思いきや、彼女の道のりはここで終わらない。新任の挨拶の際にもっとも古株の社員からキツイ一言をぶつけられたり、責任の大きさを目の当たりにしてなぜこんな仕事を引き受けたんだろうと思ったり。ここでも次々に現われる壁に対して真摯に向かい合って一歩ずつ進んでいった結果、数年後ナイキを退職するときにその古株の社員が増田さんにかけた言葉には、読んでいる側も思わず感慨深くなってしまった。増田さんは、現在は日本を拠点にグローバルリーダーシップ育成のためのコンサルティングをされている。ご縁があって、増田さんご本人とお会いする機会があったが、まさに本のタイトルどおりの自然体な方。

増田さんの実体験をあたかも小説のように読みながら、彼女のコーチングを受けているかのように、自分自身のリーダーシップを見直すことができる。個人のリーダーシップだけでなく、組織のグローバル化と人材開発についても世界有数の企業の事例含め体系的に説明されており、社員新入社員のみならず幹部や経営者にも薦めたい一冊だ。読者の気づきを促す質問と解説もあり、自分のなかにあるはずのリーダーシップの芽を育てるよいブレーンストーミングになる。このマインドを持つかどうかで見える景色と数年後の到達点が確実に変わるだろう。

（文庫、二七六頁、八二〇円、光文社）

高橋源一郎 作家

『親子の世紀末人生相談』橋本治著

ただ読むだけでめちゃ面白く、書かれている事柄が自らに関係あれば必ず役に立つ。ただし「劇薬指定」。

新入社員のための一冊ということになればこれ以外に考えられないというのが橋本治の『親子の世紀末人生相談』（四六判、四〇六頁、一五〇〇円、フィクション・インク）であろう。品質については、わたしはどんなどでかい太鼓判でも押すつもりであるほど素晴らしいので問題はないのだが、この本の場合、本屋で発見するのが一苦労であろう。みなさん、心して捜していただきたい。

さて、それはどんな本かというと、表題どおりの人生相談本である。百三十三本の人生相談に対する百三十三通りの解答。とはいっても、そんじょそこらの人生相談ではないところがこの本のミソなのだ。人生全般にわたるエンサイクロペディア的相談を、おそらく現代日本でもっとも徹底的にものを考える人（もしくは考える

たかはし・げんいちろう　昭和二十六年生まれ。横浜国立大学中退。五十六年「さようなら、ギャングたち」で群像新人長編小説賞受賞。著書「虹の彼方に」「優雅で感傷的な日本野球」「官能小説家」ほか。

のが好きな人）橋本治が蝶のように舞い蜂のように刺したこの記録はただ読むだけでめっちゃ面白くそこに書かれている事柄が自らに関係あれば必ず役に立つ。「読んですぐためになる」ことでは右に出るもののない橋本治本の中でも、「読んですぐためになる」中の「読んですぐためになる」本がこれなのである。参考までに、ほんの少しだけピックアップしてみよう。

「『今年大学を卒業した女性からの相談――
私は、今年大学を卒業して、今は小さな会社に勤めるＯＬですが、仕事がつまらなくて、すべてが虚しく感じられる毎日を送っています。転職も考えるのですが、これといって得意なものもありません。が、このままでは、私のプライドが許しません。（おまけに最近、もの忘れが異常に激しくなり、本当にバカになってしまったのではないかと不安でたまりません。）私はこれからの将来何をしていけばいいのでしょうか?!』
『今年大学をご卒業になった女性へのお答
あなたの悩みはコンテンポラリーなお悩みですが、この悩みに関しては、多分まだ決定的な答えを出した人はいないようです。そのことから始めてみたいと思います。これが分かられにくい（答えにくい）悩みだというのは、実に、二つのことがバランスよくせっているからです。あなたのご質問の中にある対立事項はこうです――。

即ち〝あなたに与えられる仕事はつまらない〟と〝あなたはとりたててこれといった特技はない〟ということです。この二つがバランスを保っていることを、昔は〝身分相応〟と言いました。だから、これに関する答も、昔は決まっておりました。「なんの取り柄もないくせに、グダグダ言うんじゃない！　人間辛抱が肝腎なのだ！」だったのです。これは、ある意味では半分正解です。半分正解ですが、半分しか正解ではないということは、それは勿論正解に値しないということです。それでは、何故「人間辛抱だ」だけでは正解に値しないのでしょうか？』」

もちろん、ここから橋本治の縦横無尽な解答がはじまるのだが、それは読んでのお楽しみということで、ぜひ実物に当たってください。しかし、どうしてもこの本が手に入らない場合には『絵本徒然草』（河出書房新社）もしくは『89』（マドラ出版）でもいいだろう。ただし橋本治の本はどれも「劇薬指定」なのでくれぐれも処方を間違えないように。では、グッド・ラック！

呉智英 評論家

『城下の人』（以下四部作）石光真清著

人生の節目に読んでおいたほうがいい本であり、読みやすく、面白く、上役が一目置き、扱いやすい本である。

新人社員に推薦する本として、私は次の条件を満たすものをと考えた。

①人生の節目に読んでおいた方がいい本。名著と言われる本はいくつもあるが、その中で、新しく社会人となった時に読むべき本を選びたい。こういう本は、また、転職、停年など、人生の節目に思い出す本でもある。

②読みやすい本。翻訳調の生硬な文体のものや難解な術語が頻出するものは避ける。専門書にこうした本が間々《まま》見られるが、仕事に必要なら、私が推薦しなくともいやおうなく読まなければならないはずだ。

③面白い本。いくら読みやすくても、日常生活を淡々と綴っただけの随筆ではしかたがない。といって、面白おかしいだけの本もあえて推薦する必要はない。

くれ・ともふさ　昭和二十一年生まれ。早稲田大学法学部卒業。著書「サルの正義」「現代マンガの全体像」「知の収穫」「犬儒派だもの」ほか。

ドラマチックな面白さと知的な感動にひたれる本がいい。
④上役が一目《いちもく》置く本。こういう俗な動機もあってよいだろう。
⑤扱いやすい本。本もモノである。モノとしての簡便さを考慮に入れて、文庫・新書から選ぶことにしたい。定価が安い、バッグやポケットに入る、なくしても気にならない、というのが文庫か新書だ。

という五条件を考えた上で、私は石光真清《いしみつまきよ》『城下の人』（文庫、四巻、二四〇〜三六二頁、七二四〜八三八円、中央公論新社）を推すことにした。

この本は、明治元年九州の熊本城下に生まれ一九四二（昭和十七）年に死去した一軍人の手記である。軍人の手記などというと、ある人は、戦争の懺悔録のようなものを思い、またある人は、過ぎし日を美化して懐しむ回顧録のようなものを思い浮かべるかもしれない。むろん、ある部分は懺悔録でもあるだろうし、ある部分は懐しの回顧録でもある。だが、全体を読み通す時、この本がまことに貴重な日本近代史の証言の書であり、同時に、どんな冒険小説に優るとも劣らぬ大ロマンであると気づかされるだろう。

石光真清は前述の通り明治元年熊本に生まれた。ということは数え十歳で西南戦争を見ているということである。西南戦争は、西郷隆盛の率いる軍と政府軍が衝突した日本最後の内戦である。明治政府はこれに勝利することによって近代国家としての基礎を確実にした。逆に言えば、明治十年まではまだ江戸時代と言ってもよかった。そういう時代を、そしてその終わりである凄惨な西南戦争を、石光は少年の目で描き出す。

やがて石光は成長し、陸軍幼年学校を経て軍人になる。つまり、近代日本陸軍草創期の軍人である。以後、手記四部作は、この近代日本陸軍草創期の軍人の視点に貫かれて記される。これが、私を含む戦後世代には衝撃的なまでに面白い。

われわれは、近代日本の歴史はアジアへの侵略の歴史だと教えられてきた。これはもちろん正しい。日本は朝鮮を併呑し、支那をも植民地とすべく満州に傀儡政権を作った。その負の歴史的遺産は今も日本が負っている。しかし、それは現代人が考えるような単純なものではなかったはずだ。

例えば、支那に対する感情である。日清戦争が勃発するまでの三百年間、日本は本格的な対外戦争をしたことがなかった。まして、支那は大国である。三十余年後に侮《あなど》りの気持ちを込めて支那侵略に乗り出す時とは、国内の気持ちは全くちがっていた。日清戦争以前の長崎や神戸などの港町では、支那の軍艦が寄港すると町の人たちは戦々競々となった。支那兵たちが乱暴を働くからである。日本の治安当局は後難を恐れて、支那兵の乱暴を黙過していた。ちょうど、大東亜戦争の敗北後の十年から二十年間、基地の町で米軍と住民の関係がそのようなものであった。日本人はアメリカに威圧感を覚えこそすれ、侮る気持ちなど抱きえなかった。明治初めの日本人の支那に対する気持ちもこれに似ていたのである。

ロシヤに対しても同じであった。一八九一（明治二十四）年、訪日中のロシヤ皇太子に警備中の巡査が切りつけるという事件があった。大津事件である。この時、日本中はパニックになった。激怒したロシヤが日本に宣戦するのではないかと思われたからである。この時、ロシヤの一行の艦隊が碇泊する神戸港沖まで、明治天皇はわざわざ謝意を表明しに出むいた。大東亜戦争敗北の後、マッカーサー元帥の許へ昭和天皇が出むいたのとはわけがちがう。これは戦勝国の代表の許に敗戦国を代表して出むいたのだ。大津事件は、あくまでも単なる傷害事件にすぎず、天皇には法的にも道義的にも何の責任もない。それなのにわざわざ出むいたところに、当時の日本の不安定な立場がよく現われている。

このような時代の中で軍人の持つ民族意識は、それ以後の夜郎自大の侵略主義・膨張主義の時代の軍人のものとは大きくちがっている。現在、東欧・ソ連の崩壊を期に、民族問題が世界的なテーマとなってきた。これを考える上でも、近代日本の出発点をよく見ておきたい。

さて、以上は石光の手記の背景の説明にすぎない。本当に面白くなるのは、近代日本を担う気概に燃えた石光が軍事探偵になってからである。恋あり冒険ありで、こんな面白い読物があってよいのかと思うほどだ。しかし、最後には、彼の努力も誠意も報われることなく、小さな郵便局の局長として余生を送ることになる。運命に翻弄され、理想に裏切られた男の悲哀が測々《そくそく》と感じられる。

石光は自分の人生をふり返り、その意味を再確認しようとする。そのために手記を書く。しかし、一度書いた手記は火に投じられた。これを救い出したのが、子息、石光真人であった。真人は戦後になってこの貴重な証言の出版を図った。元版は一九五八年から五九年にかけて龍星閣より出版され、毎日出版文化賞を受賞した。当時、戦後十余年しか経っていなかったが、このような軍人の手記は衝撃的であり、「戦後最大の発掘」と賞讃された。

最初に挙げた五条件を、この本は完全に満たしている。人生の節目に読んだ方がいい本であり、読みやすく、面白く、上役が一目置き、扱いやすい本である。時間の余裕がほんの少しでもできたら、すぐ本屋に行ってほしい。私はためらいなく太鼓判を押す。

長谷川三千子 埼玉大学名誉教授

『翻訳語成立事情』 柳父章著

先人たちの苦心惨憺の様子を、ことこまかに教えてくれる。
みなさんは「新社会人」でなく「新組員」と呼ばれていたかも知れない。

いまわれわれは「社会」「個人」「権利」「自由」といった言葉を、日本語だと思い込んで使っている。そしてまた、こういった言葉なしには、論文も書けないし新聞も読めない。なによりもまず、日本国憲法それ自体がなり立たない。

ところが、これらの言葉は、もともと日本語にあった言葉ではなく、あったにしても全く異なった意味で（たとえば「自由」という言葉が、主としてわがまま勝手という意味で使われていたように）使われていたにすぎない。これらは、幕末から明治にかけて、西洋の書物や思想がどっとばかりに流れ込んできたとき、そこで使われていた、society, individual, right, liberty などの西洋語にあてはまる日本語がなかったために、当時の日本人が、苦心惨憺して漢字をあてはめてこしらえた、いわゆる

はせがわ・みちこ　昭和二十一年生まれ。東京大学文学部哲学科博士課程修了。同大学文学部助手、埼玉大学助教授を経て六十二年より同教授、二十三年より現職。著書「からごころ」「バベルの謎」「神やぶれたまはず」ほか。

「翻訳語」とよばれるものなのである。

　柳父章氏の『翻訳語成立事情』（新書判、二一二頁、七四〇円、岩波書店）は、これらの翻訳語が生み出されるまでの先人たちの苦心惨憺の様子を、ことこまかに教えてくれる。たとえば、「寄合」「仲間」「組」「会社《クミアイ》」「連衆《レンシュ》」「合同《イッチ》」——これらはみな society の訳語として当時あらわれ出てきた言葉である。その中から「社会」という翻訳語が生き残ったのも、偶然といえば偶然のことにすぎない。ひょっとすると、いまみなさんは「新社会人」のかわりに「新組員」と呼ばれていたかも知れなかったのである！　こうした面白いエピソードをつづりながら、一方で柳父氏は、このような仕方で形成されていった、明治以来のわれわれの「思想」のあり方そのものに、深い反省を促している。

　そもそも、なぜ明治の人々が「翻訳語」というようなものを新造しなければならなかったのかといえば、それは、たとえば society という言葉であらわされるような人と人との関係、人の集合についての考え方が、われわれ日本人の考え方（たとえば「世間」という言葉にこめられているような考え方）と根本的に違っていたからに他ならない。翻訳者たちはその違いを深く認識していたからこそ、わざわざ見たこともない漢字の熟語をつかって、「四角張った文字」による翻訳語をこしらえたのであった。

ところが、それを受けとる人々の方は、そこであらためて、自分たちとは異質なものの考え方に、真正面から対決するかわりに、ただそれを、何となくありがたい言葉、上等な言葉としてまつり上げてしまった。「社会」や「個人」という言葉をつかって、日本人の人の集合や一人ひとりのあり方を言いあらわそうとすれば、当然ずれが生じる。ところが日本人たちは、そのずれを見つめ、そこにひそむ対決をわが身に引きうけようとは決してしないのである。そのさまを評して、「ことばは正しい、誤っているのは現実の方だ、というところで、一見、問題は解決したかのごとき形をとる」と柳父氏は語る。

実際、今にいたるまで、いわゆる知識人と呼ばれる人々の思考形式は、このパターンを抜け出していない。みなさんも、いたるところで、「日本人は個人としての自覚が欠けていていけない」式の知識人のお説教に出くわしたことがおありと思う。そして、このような「知識人」にかぎって、「もっと日本の文化を世界に発信してゆかなければならない」などと言うのである！

大学を出て、こうしたインチキ知識人の手からのがれたみなさんに、まず第一の必読書としておすすめしたいのがこの本である。

奥村昭博 慶應義塾大学名誉教授

『知識創造の経営』野中郁次郎・竹内弘高著

個人は、ひとつの歯車のように考えられてきた。これからは豊かな人間性が必要となってくる。

日本企業を取り巻く環境が大きく変わろうとしている。それはちょうど一千年単位で発生する大構造変換でもある。とりわけ日本企業は第二次大戦後ひたすら経済成長を求めて企業拡大をはかってきたが、一九九一年のバブル経済の崩壊によってまったく異なった局面に突入していった。

このような歴史的転換点の中で、これからビジネスの世界に飛び立とうとする諸君にぜひ考えてもらいたいことがある。それは自分がいかにこれからビジネスの世界で生きていくかについてである。ビジネスに入ることはただ単に収入を得るということ以上である。そこで人々はみずからの夢をかなえていくのである。人々はさ

おくむら・あきひろ　昭和二十年生まれ。慶應義塾大学商学部卒業、同大学大学院博士課程修了。ノースウエスタン大学MBA取得。六十三年慶應義塾大学教授。平成二十年より静岡県立大学大学院教授。著書「企業イノベーションへの挑戦」「経営戦略」ほか。

まざまな夢をもつものだが、ビジネスを通じて夢を実現することはけっして創業経営者に限られたものではなく、組織における個人でも可能である。

そんな夢を実現するのに関連するきわめて有益な書物が、野中郁次郎氏と竹内弘高氏共著の『知識創造の経営』（A5判、二七八頁、二五二四円、日本経済新聞社）である。この書物はけっして古典ではない。むしろ近刊書である。にもかかわらずこの書は、おそらく古典となると予想できる。それだけのインパクトと重厚さを備えているからである。

まずこの著者たちは、「なぜ日本企業が世界の市場の中でプレゼンスをもつに至ったか」という疑問にたちいたっている。これまでの多くの意見は、日本人の文化特性や、あるいは日本的経営にその原因を求めてきた。しかし、九〇年代に入って、日本経済がバブルの崩壊とともに、それまでの日本的経営礼賛は一転して日本企業批判にと変わってしまった。こういった皮相的な日本企業批判に対して著者らは、本質論から論理を展開している。

かれらは日本企業のもつイノベーション能力に着目している。日本企業の強みは「安くて品質が良いだけ」の製品をつくったのではなく、画期的な新製品をつくりだすことにあったと主張している。日本企業は、鉄鋼、家電製品、半導体、カメラ、工作機械などの分野で画期的な新製品を導入してきたのである。さらに、日本企業は新製品のみならず新生産方式をも生み出していった。トヨタ生産方式などがその例である。日本企業の知の創造の仕方は、けっして単なるものまねとは異なり、「暗黙知」の創造というものである。経験の中から帰納的に、その組織の内部に知識を体現化していくのである。

これからの時代がイノベーションの時代であり、そのイノベーションの中心が新事業、新技術、新システムの開発にあることはまぎれもない事実である。このイノベーションの本質は「知の創造」である。たとえば、新製品の中にいかに新たな知が盛り込まれているかである。日本企業がこのイノベーションの時代に果たす役割は大きい。来るべき知識化時代の中で日本が今後どのような進路をとるべきかを明確に示唆してくれる。

話は十数年前に戻るが、著者の一人の野中氏は当時の若い共同研究者たちと「日本発信の経営学をつくろう」と語っていた。当時の日本の経営学というのは欧米の経営学の受け売りであり、目の前にある日本企業の実際の経営には目を向けていなかった。そしてここに日本発信の経営の研究書が出てきたのである。企業経営はますますグローバルになりつつある。こういったグローバルな世界では知識の普遍性が求められる。「知識創造の経営」は明らかにこの問いかけに答えるものである。

本書でもっとも共感するのは経営パラダイムの変革である。とりわけ企業におけるこれからの個人の生き方である。かっての工業化社会を支えてきた経営パラダイムにおいては、個人はあたかも組織の中のひとつの歯車のように考えられてきた。まさに没個性化である。しかし、これからの知識創造の経営においては逆により豊かな人間性が必要となってくる。個人が組織という硬い呪縛から解放されていききと活動するのである。これからの企業は創造性や人間らしさを提供していく場(ネットワーク)となる。その意味では知識創造こそもっとも人間らしい行為である。

本書はけっして読みやすい書物ではない。むしろ哲学書を読むことと同じである。しかし、経営というものの本質を考える絶好の機会である。ぜひこれからビジネスの世界に進む諸君には、この本に触れることでみずからが知識の創造者とならんことを願うものである。

五十嵐かほる イメージコンサルタント・ノイムジィーク代表

『身につけよう！ 江戸しぐさ』越川禮子著

「しなやかさ」を身につければ鬼に金棒、あとは、それを磨くこころと心意気だ。

一冊の本で何かが変わるということよりも、言葉や一篇の詩や文章などに心のひだを震わされることがある。私にとっては、世阿弥の『風姿花伝』（花伝書）や老子の「道《タオ》」、現代女流詩人・茨木のり子氏による『自分の感受性くらい』などだろう。古典中の古典といえる世阿弥や老子のそれを一冊読破するのは、正直言って少々キツイ。なので、私の震わされた言葉たちを紹介したい。

『花伝書』からは「稽古は強かれ、情識はなかれとなり」（体を動かすことよりも、自分勝手な思い込みが強くはないか）。「道」からは、「其の雄を知りて、其の雌を守れば、天下の谿と為る。天下の谿と為れば、常の徳は離れず嬰児に復帰す」（女性の感覚、

いがらし・かおる 昭和四十年生まれ。武蔵野美術大学短期大学部空間デザイン科卒業。全日本空輸勤務、研修講師やファッションプロデュースなどを経て現職。著書「あなたの魅力を限界まで引き出す技術」ほか。

男性の感覚両方を理解し、大切にすれば、天下のエネルギーの集まる谷のような人となり、徳のある人になることはもとより、吸収力のある純真な赤ちゃんのように戻れる)。

そして、『自分の感受性くらい』は、「ぱさぱさに乾いてゆく心を　ひとのせいにはするな　みずから水やりを怠っておいて……」からはじまり、途中を省略させていただくが、最後は痛烈に心に響く「自分の感受性くらい　自分で守れ　ばかものよ」の一連で締めくくられる。

何かまずいことが起きると人のせいにしてしまうことがよくある。それは、人を責めてしまうということではなく、ほとんどが自分のなかで自分自身に言い訳してその場をすり抜けてしまう。すべて自分のせいだと思うとあまりにも苦しいし、そのほうが楽に生きていけるから。

それでも「これじゃいけないと」たまには立ち返る。そんなとき、この詩を読むたびストレートにドキリとさせられ、言葉が心に刺さってくるのだ。

いまの時代に働く人にとって何が一番必要かと聞かれたら、間違いなく「しなやかさ」と答えるだろう。「しなやかさ」は他人も自分も仕事がしやすくなるから。

講演や社員研修で講師を務めることがあるが、伸びる会社の社員たちの柔軟でしなやかなこと。逆に思い込みや無駄なプライドでガチガチになり、一方向からの見方やアプローチしかできないタイプの社員が多い会社は、言わずもがなだろう。経験豊かなベテラン社員に「しなやか」でない人が多いように思われるだろうが、意外に経験の浅い若手社員にもこのようなタイプは多いのだ。また、最近の経営者の方で「おぬし、できるな」と感じさせてくれるのは男性だとガールズトーク（井戸端会議）のできるタイプ、女性だと自分の父親ぐらいの男性と気兼ねなく話せ、話を盛り上げることのできるタイプだと思う。つまり、自由に柔らかく物事を捉え、男の頭と女の頭で考えることのできる両性頭有の経営者が生き残っていくのだと感じている。

さて、「新入社員に贈る一冊」に話を変えよう。私が贈りたい一冊は、『身につけよう！　江戸しぐさ』（新書判、一八四頁、九〇五円、ロングセラーズ）だ。タイトルだけ聞いていると説教っぽいマナーのハウツー本のようであるが、先ほどからの心を揺さぶられた言葉たちに共通する「しなやかさ」というスピリットが、この本のなかに脈々と流れている。

元来「江戸しぐさ」とは、町が安泰で商売が繁盛するためにお客様とよい関係を築き、それを保つために工夫されて磨き上げられた「商人道の奥義」といわれたようだ。また、この本のなかに登場する「しぐさ」である「傘かしげ」や「こぶし腰浮かせ」などは、このところの江戸ブームも手伝い、テレビコマーシャルにも取り入れられていたが、他人も自分も気分よく幸せに過ごすための感性が「江戸しぐさ」なのではないだろうか。

ところで、日本人の美意識とされる「恥」の文化というのを聞いたことがあるだろうか。「恥じらい」の「恥」ではなく、本来は「見栄」に通じ、どのように自分がみられているかを大切に、自分を律することを意味するようだ。つまり、どんなに知識があろうと、どんなにお金を稼ぐことができようと、人間として当たり前のことが、自然に立ち居振る舞いや言葉遣いに表われていなければ「恥」ということになるらしい。ちょっと耳の痛いところもあるが、マナーの前に人を敬う優しい心が大切だということだろう。

社会に出て一番苦労するのは人間関係だと聞くが、そんなに怖がることはない。「江戸しぐさ」のしなやかさを身につければ鬼に金棒、あとは、それを磨く「こころ」と心意気なのである。

瀧澤美奈子 科学ジャーナリスト

たきざわ・みなこ　昭和四十七年生まれ。東京理科大学理工学部卒業、お茶の水女子大学大学院修士課程修了。著書「深海の科学」「地球温暖化後の社会」「最新科学のニュースが面白いほどよくわかる本」ほか。

『スーパーエンジニアへの道』G・M・ワインバーグ著

どうすればいいリーダーになれるのか、を考えることが楽しくなる。

私からは技術系の人に実際役立つ本を紹介することにした。エンジニアとして採用された新入社員のみなさんには、ぜひ、とびきり優秀なエンジニアをめざしてもらいたい。特にＩＴの世界では、アメリカのアップルやグーグルなどで象徴的なように、少数の傑出した技術者が大きな役割を果たしているのに気づいてほしい。

さて、優秀なエンジニアとはどんな人だろうか。

普通、技術を良く知っていて、難問をどんどん解決するスーパーヒーローを思い浮かべがちだ。もちろん、技術的に高度な能力は必要不可欠だ。しかし、それだけでは、新しいモノやサービスを生み出すところまでいかない。

なぜなら、現代のエンジニアが向き合っているのは、専門要素が複雑に絡み合った仕事だからだ。しかも、決まったことを速くこなすのではなく、ゴールがどこにあるのか、さっぱりわからないような創造的な仕事だからである。

このような仕事の成功には、プロジェクトの性質に合ったリーダーが重要だ。ただし、ここでのリーダーは、これまでリーダーシップについて書いた本が勧めるような、「アメとムチ」を操って人々を命令で動かすようなリーダーシップでは、まずうまくいかない。ではどんなリーダーが必要なのか。

『スーパーエンジニアへの道―技術リーダーシップの人間学』（木村泉訳、A5判、二八八頁、二八〇〇円、共立出版）で、著者はいう。

「人々は力を与えられると自由に見、聞き、感じ、発言するようになる。また彼らは自由に動き回り、行動し、必要なものをくれと頼み、創造的になり、選択する」

技術系におけるリーダーシップとは、「人々が力を付与されるような環境をつくり出すプロセス」である。言い換えると、人々を「動機づけ」て、自由な発想を引き出しながら、「組織化」するプロセスである。

新入社員のみなさんは、これまでの学校生活で、人々を動機づけて、組織化するような経験をどれだけ積んできただろうか。むしろ、多くの人は学校のルールで評価される方法を苦労して身につけてきたことだろう。残念ながら学校のルールの基本は、ほとんどアメとムチ型であり、答えのある課題であり、しかも個人戦だ。動機づけて組織化するという資質を伸ばすどころか、低下させてしまった人もいるのではないか。幼少時は友だちを率いていたガキ大将が、学校で「頭がよく」なるにつれ、すっかり普通の人になってしまった例が、あなたの身近にいないだろうか。あるいは、あなた自身はどうか。

だが、ガキ大将だった人もそうでなかった人も、心配はいらない。人々を動機づけて組織化するような資質は、意識すれば修得できるからだ。加えて本書では、技術者がリーダーになったときに陥りやすいさまざまな問題に対して、その原因を、エピソードと比喩を使いながら分析している。

たとえば、個人としてスターであった技術者は、自分の力で成功したと信じたがる。ほかの人々は目に見えないか、見えたとすればじゃま者として映る。この自己中心性がリーダーとしては大きな障害になる。

そうならないためには、どうしたらいいか。著者は「自分を客観視し、他人の心の揺れ動きを理解する」ことが大事だと指摘する。たとえばコミュニケーションは簡単にねじ曲がるが、その例として次のような会話を紹介している。

イエッタ「だれかコーヒーの用意をしなくちゃならないわ」

サム　「ぼくがやってもいいよ」

イエッタ「(怒りを込めて)もしあなたがそのことについて、そういうふうに感じるのなら、私が自分でするわ」

イエッタはなぜ、こんなことを言ってしまったのだろうか。心の動きはとても不思議だが、結局、よいリーダーになるには、人の心の機微に触れる必要がある。そして最終的にはそれが「人間成長に通じる」ことを無理なく理解できる。こう書くと、堅苦しい本のように聞こえてしまうが、ピンホールやネズミや電気毛布など、ユーモラスな例示満載で、楽しく話を進めている。

さらに本書が優れているのは、「考えさせてくれる」本であって、「教えてくれる」本ではないところだ。そしてなぜか自分が続きを考えることが楽しくなる。「本を閉じてから始まる読書の楽しみ」を教えてくれる本であり、いま読んでおけば必ずあなたの血や肉になるはずである。

川上真史 タイムズコア代表

『ザ・プロフェッショナル』大前研一著

仕事に向き合う基本姿勢はOSと同じ。OSがなければソフトは動かない。

「新入社員としての、最初の一年間をどう働くか」、これが、その後のビジネスパーソンとしての人生を決定づける。入社した会社でしか通用しない人材となってしまうのか、それとも、どこにいっても高い成果を上げ、むしろ「うちにきてほしい」といわれる人材になるのか。その分かれ道が、新人のときに、どう考え、どう仕事に取り組むかによって決まってしまうのだ。本書には、その考え方、働き方が明確に書かれている。

プロとアマチュアの違いは何か。それは、自分が所属している組織、会社だけを意識して働くか、「顧客」を意識して働くかにある。マチュア野球の選手であれば、

かわかみ・しんじ　昭和三十七年生まれ。京都大学教育学部卒業。産業能率大学総合研究所研究員、ヘイコンサルティンググループ・コンサルタント、タワーズワトソン・ディレクターを経て平成二十六年より現職。著書『最高のキャリア戦略』ほか。

他のメンバーに迷惑をかけず、お互いに野球を楽しむために、チーム内でどうプレーすべきかを考えていればよい。しかし、プロ野球の選手になると、球場に足を運んでくれたファン（顧客）をいかに魅了し、活力を与えられるかが求められる。さらに、プロ中のプロになると、自球団のファンだけでなく、たまたまテレビで見ていただけの人、新聞で記事を読んだだけの人（本書の言葉を借りると「顧客の顧客」）までをも感動させてしまう。

さて、新入社員であるあなたは、ビジネスのプロになりたいと思うのか、アマチュアでよいのか、どちらの希望をもっているだろうか？　多くの人は、やはりプロになりたいと思っているはずだ。そうであれば、新人として仕事をはじめたときから、顧客に対して真正面から向き合い、最高の価値を提供する習慣を身につけてほしい。「新人だから、上司や先輩にくっついていき、どんな対応をしているかを横からながめて勉強すればよい」という考えではなく、最初から、「自分は、この顧客にどんな価値を提供すべきか」を考え、実行する癖をつけてほしい。

会社の中では、CEOにならない限り、自分がどんなに上のクラスになっても、まださらに上の上司がいる。上司の言うとおりにだけ動く癖を最初につけてしまうと、その習慣は、以後ずっと続いてしまい、どうしてもプロにはなれない。『ザ・プロフェッショナル』（四六判、二四〇頁、一五〇〇円、ダイヤモンド社）という本を読んでみると、最初から最後まで、プロとしての心構えが、これでもかというくらいに書きつづられていて、いやでも、「上司の指示どおりにだけ仕事をしよう」などとは思わなくなる。私も、仕事に疲れ、流されそうになったとき、必ずこの本を読むようにしている。そうすると、往復ビンタをくらったような気分になり、はっきりと目が覚める。

私が新人だった時代は、世の中全体が安定していたため、多くの人たちは、「自分が入った会社のやり方を、そのとおりに覚え、実践すれば成功する」と考えていた。ところが、これだけ不確実な世の中になったとき、会社のやり方だけに従って働き続けてきた人たちは、逆に、社内で活躍できる場がなくなっている。ましてや、いまの新入社員が中心となって活躍するであろう十年先、二十年先を考えると、ますます世の中の混迷度は高まっているはずだ。最初からプロの意識をもって仕事に取り組んでおかないと、つまらない企業人生になってしまうだろう。

しかし、プロとして顧客に価値を提供するというのは、そう簡単なことではない。スキルや専門性を身につけるだけではプロとはいえない。むしろ、そのスキルや専門性を、どう仕事で発揮するのかという、仕事に向き合う基本姿勢が大切だ。コンピュータでいうと、アプリケーションではなく、OSの問題であると考えればよい。きちんとしたOSがなければ、どのようなアプリケーションをインストールしても動かすことができない。

社会人になって最初の数年間は、いかにして、このOSを高めるかが課題となる。しっかりとしたOSを最初から身につけておけば、この先、世の中がどう変化しても怖くない。アプリケーション的なプロフェッショナル論が多いなかで、本書には、プロとして、どのようなOSを身につけるべきかが明確に紹介されている。ここに書かれていることを、すべて実践するのは困難だが、でも、そのなかの、ひとつでもふたつでも、なるほどと思ったことに取り組んでみていただきたい。一歩ずつ、確実にプロに近づいていくはずだ。そして、十年後に、もう一度読み返してみて、「こんなプロフェッショナル論は、昔の考え方だよ」と思えるようなプロにあなた自身がなっていれば、それこそが、著者である大前研一氏がもっとも望むところではないだろうか。

加護野忠男

神戸大学大学院教授

『イヤならやめろ！』堀場雅夫著

職場には「おもしろさ」や「楽しさ」の種がいくらでもあることを教えてくれる。

かごの・ただお　昭和二十二年生まれ。四十五年神戸大学経営学部卒業。同大学大学院博士課程修了。同大学助教授、教授を経て平成十一年より現職。著書「企業のパラダイム変革」「日本企業の適応力」「日本型経営の復権」「企業の戦略」ほか。

本書は、堀場製作所の創業者である堀場雅夫氏の著書である。堀場氏は、京都大学理学部の学生時代に堀場製作所を創業され、この企業を一部上場企業にまで育てられた創業経営者である。学生ベンチャー企業家の草分けともいうべき存在でもある。最近は、京都のベンチャー振興のためにも尽力されている。

堀場製作所は「おもしろおかしく」というユニークな社是をもっている会社であるが、本書のタイトルもまたじつにユニークである。本書のユニークなタイトルは、この社是と深くかかわっている。

本書の冒頭の部分でも指摘されているように、人生のもっとも充実した年代のもっとも大切な時間帯を、人々は職場で過ごすことになる。この職場での生活がおもしろくないと、人生はじつに不幸であると著者はいう。だからこそおもしろおかしく仕事ができる職場をつくろうというのが堀場氏の考え方であり、それが同社の社是になっているのである。逆にいうと、職場でおもしろおかしく仕事ができないのであれば、はやくやめ、新しい職場を探したほうがよいともいえるのである。それが、「イヤならやめろ」というタイトルになっている。

もちろんここで読者に読みとってもらいたいのは、「イヤならはやくやめろ」というメッセージではない。職場での仕事に、「おもしろさ」「楽しさ」をみつけなければならないという前向きのメッセージである。

職場の「おもしろさ」は職場自体の特徴、上司、職場と本人の能力や考え方との適合性に依存している。自分ではどうしようもないこともあるかもしれない。しかし、何よりも大切なのは、「おもしろ、おかしく」仕事をしようという本人の意思や努力である。仕事の「おもしろさ」は、他人任せにはできない大切な問題だからであり、仕事の「おもしろさ」は、それぞれの人々の心のもちようによって変わってくるからである。前向きに考えれば、「おもしろさ」や「楽しさ」の種はいくらでも職場にあるというのが、本書のメッセージである。そのような努力をしてみても、どうしても「おもしろ」くなければ、会社をやめるべきである。この努力を怠ると、どこへいってもおもしろくないだろう。本書を読むと、「おもしろおかしく」仕事をするためのヒントがたくさん隠されている。新入社員の人々には、このヒントを読みとってほしい。

私は、タイトルに驚かされて本書を買ったのだが、読んでみるとじつにおもしろい。堀場氏が、だれに気兼ねすることなく、本音を語っておられるからである。創業者だからできることなのかもしれない。読んでいて思わずふきだしそうになってしまうエピソードも少なくない。愉快な情景が目に浮かんでくる。真剣に書かれた著者には失礼だが、漫画よりもずっとおもしろいところもある。

本書は、堀場氏が社内報に書いてこられた文章を集大成したものであるという。堀場製作所は、典型的な研究開発型企業であるから、技術開発や製品開発のエピソードが数多く紹介されている。これから会社のなかで技術開発や製品開発の仕事をしようと考えている人々にとって、学べることがとくに多いはずである。創造や発見の方法についてかなりのヒントを得ることができる。仕事に「おもしろさ」を見い出し、我を忘れて仕事に取り組むことによって、創造や発見が起こることもわかるだろう。

本書でふれられているさまざまなエピソードの中には、事務系の人々にとっても豊かなヒントが隠されている。仕事に前向きの姿勢で取り組めば、さまざまな発想がわいてくる。開発の仕事だけでなく営業の仕事、管理の仕事でも、創造性が要求されるのである。

平易な表現なのでわかりやすいし、エピソードも楽しい。通勤の電車の中でも気軽に読むことができる。考えながら読んでいくと、ずいぶん奥行きの深い本であることがわかる。この本を大切にしまっておいて、管理職になったときにも、もう一度読み返してほしい。新入社員のときに読んだのとはまた違った読み方ができるはずである。

（文庫、二四〇頁、六〇〇円、日本経済新聞社）

波頭亮 経済評論家

『一本釣り渡世』石橋宗吉述、加藤雅毅記

プロフェッショナルのレベルに達することのむずかしさ、きびしさについての正しい認識をもってほしい。

ＩＴの発達が、すごい勢いで世の中のすべてを変えていきつつある。当然、ビジネスマンに求められる能力や心構えも、企業を運営するルールや制度も、根底から大きく変化している。この職業人生活における大変化を、一言で捉えるとするならば、それは「プロフェッショナリズムの時代」ということになろう。

ＩＴの発達は、人手ではとてもできなかったようなことを可能にする一方で、容赦なく人から仕事を奪う。七〇年代にコピー機が登場したおかげで、職場から「清書・書き写し」の仕事がなくなったのと同様に、ＩＴの発達は職場から付加価値の低い業務をほとんど駆逐してしまった。その結果、世界一の高賃金である日本のビ

はとう・りょう　昭和三十二年生まれ。東京大学経済学部経済学科および経営学科卒業。マッキンゼーを経て六十三年ＸＥＥＤを設立。著書「経済透視鏡」「ポスト終身雇用」「戦略策定概論」「若者のリアル」ほか。

ジネスマンに残された仕事は、パソコンやロボットにはできない、クリエイティブで非定型の高付加価値型の業務ばかりになったのである。

このような非定型かつクリエイティビティーを要求される業務では、個人個人の生産性に大きな格差がつく。電卓を叩いては伝票計算をしたり、工場のラインに着いてネジを締めたりといった定型・単純業務では、器用で手の速い人と標準の人との間でも、せいぜい二倍程度の差しか生じない。一方、クリエイティブ・非定型の業務では十倍、百倍といった莫大な格差が生じるものである。新しい技術を開発したり、新商品や事業戦略を企画したり、あるいは大きな商談をまとめ上げたり、といったコンピュータやロボットでは不可能な仕事においては、能力や適性のある者とそうでない者との間の差は無限大なのだ。これがプロの時代の現実である。

そうして、このプロの時代には当然ながら「実力主義・実績主義」というルールが適用される。IT以前の時代ならば、とにかく真面目に仕事に取り組み、会社に忠誠を尽くしておれば、そこそこの仕事の実績は出せたし、集団主義的なモラールを維持するために横並び、年功序列型の処遇が適用されていた。しかし、生産性の格差が百倍もつくプロの時代では、能力と実績に応じて、仕事の内容も、給料も、大きく差をつけたマネジメントを行なわざるをえない。ホームラン王や三割バッターと、平凡な選手を同じ処遇にはできないのと同じである。

かっては就職といえば就社であり、いったん会社に入ってしまえばやれやれ一安心で、後はとにかく真面目にやっていさえすればよかった。しかし、これからはみなさんも周知のように就職した後、その「職」において優秀なプロフェッショナルになっていくための研鑽の日々が始まるのである。会社に入った後こそが本番なのである。

こうした「プロフェッショナリズムの時代」に、社会人としての第一歩を踏み出された方にぜひ読んでいただきたいのが『一本釣り渡世』(四六判、三二一頁、一八〇〇円、筑摩書房)である。本書では、石橋宗吉という一人の男が、小学校を出てすぐに勝浦の漁師になり、明治、大正、昭和、平成と生き抜いた話が淡々と描かれている。櫓と帆の木っ葉船の時代に小僧・丁稚としてスタートし、その後、日本の漁法を変えてしまうような技術を次々と開発しながら、プロフェッショナルとしての一本釣り漁師のキャリアを生きた実話である。

プロフェッショナルといえば、売りはもちろんその技術であり、知識である。しかし、これからプロフェッショナルをめざそうとする者にとって何より大切なことは、その技術や知識を習得するプロセスで必要な真摯で厳しい心構えである。わが国の社会システムや人事制度では、永く保護主義、結果平等主義が続いてきたために、ブラ下がり型に身を処すほうが相対的に有利であった面も否定できない。その結果、産業界でも会社の中でも「自らがんばるのではなく、いかに利権とポリティクスの中をうまく泳ぐか」という考え方が幅を利かせるモラルハザードが起きている。「プロフェッショナルの時代」には、この考え方はまったく通用しない。

結局、われとわが身を一流のプロフェッショナルへと導いてくれるのは、過酷な修練とその厳しさに立ち向かう意志力なのである。主人公石橋宗吉の生き様の中の随所に、その修練と心構えがリアリティをもって描き出されている。

「後年、私は兵役に服すのだが漁師の上下関係は軍隊よりはるかに厳しかった」「動作が鈍いと言葉より先に拳骨やデッキブラシが飛んできた」という日常の中でしごかれ、また、軍隊では命令以外のことはしなくてもよかったのに対し、「漁師はどうか。先輩がいま何をしようとしているかを察知して先へ先へと率先して仕事をする」という具合に鍛えられた。こうした心構えと厳しさの先にこそプロフェッショナルのスキルが習得できるという事実を知ってほしい。

今の若い人の多くは、プロフェッショナルな職業や仕事のスタイルには憧れるが、つらい修練や厳しい環境を耐え抜くといったことは苦手なようである。プロフェッショナルたることの難しさ、厳しさについての正しい認識を持ってほしい。

甲子園球児といえば、各県の高校スポーツ界の頂点であるが、プロ野球の世界と比較すると、そのレベルの違いは歴然であるのも又事実である。毎年甲子園に集う五百人を超す球児のうち、松坂君のようにそのままプロ野球で通用するのはたった一人か二人である。ほとんどの球児は、体力的にも精神的にもプロ球団の練習にさえついていけないと聞く。これからプロフェッショナルの道をめざしてスタートを切る方に、プロの世界のレベルの高さと、その高みに上るための厳しさを知っていただきたい。

また、主人公石橋宗吉はプロフェッショナルとしてもう一点、すばらしいことを教えてくれる。それはプロフェッショナルの技術と知識の積極的伝授の姿勢である。彼は現在の漁船になくてはならない「スパンカー」を発明した。仮に特許を取っていたら巨万の富を築けるほどの大発明である。他にもサバのハイカラ釣りやハネ釣りといった画期的な漁法も数多く開発した。こうした自らのプロフェッショナルとしての仕事の成果を、「世の為」に進んで提供する生き方も学んでほしい。

プロフェッショナルは、その技術と知識によって正当な報酬を得るのは当然である。厳しい修練の末のスキルは十分に高く評価されるべきであるし、本人も安売りはむしろ慎むべきであろう。しかし、習得したプロフェッショナル・スキルを利己的目的に限定して使うだけではあまりにももったいないし、また個人の生き方としても寂しい。社会に対して生み出す価値の大きさこそが、そのプロフェッショナルのレベルを決めるのである。

過酷な修練を経て高度な技術を体得し、その後も日々研鑽を続ける。自らの技術や知識はすこしでも社会を豊かにするように役立てる。これが、今からみなさんがめざしていくプロフェッショナルの道である。

まるで禅僧や修道士のようではないか。つらいだけの生活になってしまうのではないか、と思われるかもしれません。御心配は無用。本書での石橋宗吉のように十分に楽しく、喜びに満ちた、よい人生となります。

川本裕子 早稲田大学大学院教授

『20世紀の教訓から21世紀が見えてくる』ビル・エモット著
会社のやり方に従えという独断主義にうんざりしているなら、これは格好の気分転換書。

かわもと・ゆうこ　東京大学文学部社会心理学科卒業。オックスフォード大学大学院経済学修士修了。東京銀行を経てマッキンゼー・アンド・カンパニー入社。平成十六年より現職。道路関係四公団民営化推進委員会委員などを歴任。著書「銀行収益革命」ほか。

新人のみなさんは、一遍にいろいろな経験をします。先輩にＯＪＴで多くのことを学びますが、そんなとき、毎日向き合わなければならないのが世代間のギャップです。「最近の若い人たちは」「われわれのときはこんなじゃなかった」というのは世の「長」がつく方々の口癖ですが、一方で若者も、「どうせわかってもらえないさ」と対話を閉じてしまう傾向もなくはありません。

組織とは個々人の経験が有機的で知的に体系化されているところから力が発揮されます。新入社員といえども、組織にロイヤリティをもたずに背を向けていては仕事になりませんし、年長の人たちの経験に学ぶべき価値があることはもちろんのことです。組織のカルチャーに圧迫感を感じることなく、新入社員のみなさんが前向きにいろいろな経験を吸収していくことを願って、「経験主義」の本家・イギリスの優れた歴史観を体得できる本書を贈りたいと思います。

著者は、『日はまた沈む』『来るべき黄金時代』などで知られる英国エコノミスト誌の編集長ビル・エモット氏。二十世紀の世界の経済社会の歴史を振り返り、二十一世紀のありようを探るという、きわめて野心的、壮大なテーマです。みなさんがもし「これまで学んだことはすべて忘れて会社のやり方に従いなさい」的な独断主義にうんざりしているとしたら、この本は格好の気分転換だと思います。自分、所属部署、会社、業界、地方経済、日本の経済、関係する経済圏と、小宇宙から大宇宙へと思考をめぐらしていけるからです。その上、本書は大きいテーマに取り組む他の類書にありがちな、予言者めいた断定やキャッチフレーズとは一切無縁です。

二十世紀は、世界で多くの人々の生活が大幅に向上した進歩の世紀でした。同時に、その課程で起こった幾多の戦争や内乱、独裁政治によって同時に一億七千万人もが殺された動乱の世紀でもありました。こうした歴史観のもと、二十一世紀の世界を洞察する上でもっとも重要な二つの問いとして、「超大国アメリカが世界をリードする能力と意欲を持続できるか」（国際政治の安定性の問題）、「資本主義は、不安定性や国家間の不平等の問題を乗りこえて人々の支持を維持できるか」（経済運営の問題）を提起します。

最先端の政治や経済分析が紹介されるかと思えば、時代を象徴した音楽、映画や小説の話も出てきます。歴史に表われた物事の本質を簡潔に説明する手際のよさに感心します。歴史を読みとることから、過度の楽観主義でも過度の悲観主義でもない興味深い観察が生まれます。

たとえばこんな具合です。最近脚光を浴びる中国については、十五世紀頃に世界でもっとも豊かな国だったところから話は始まり、中国は何世紀も続いた長期的衰退をやっと抜け出したところだ、と見ます。将来への悲観的ムードが蔓延している日本については、二十世紀前半のアメリカを思い起こせといいます。一九二〇年代の空前の好況の後、まさに日本のバブルがはじけたように三〇年代の大恐慌に突入、収拾しがたい経済的混乱が続きましたが、一九四五年には、再びゆるぎない世界のリーダーになりました。欧州連合の今後について懐疑論が強いですが、一八四〇年代には同じくおのおの独立心の強い州の集まりであった合衆国が百年後に世界の指導的地位に立つとだれが予想しえたでしょうか、と問いかけます。

もちろんエモット氏は中国経済の躍進を否定したり、日本経済の復活に太鼓判を押したり、ヨーロッパがいずれは合衆国のようになると結論づけているわけではありません。しかし、歴史的な思考は、人を、その時その時に流行する、いわゆる「常識」の虜となる危険からできるだけ自由にしてくれます。

経済停滞が目立つ日本についても一章が割かれていることに少しほっとします。これまで保護されてきた分野は生産性が低いゆえに、今後の経済成長の余地は大きいという見方です。しかし、政治的な抵抗で経済回復に失敗した場合には日本国内にナショナリズムが強まり、中台間の緊張や朝鮮半島の統一で流動化するアジアの安全保障問題を一層不安定化させるというシナリオにははっとさせられます。

人間の限界と英知を歴史は教えてくれます。歴史をよりよく知ることで諸先輩の経験もある時代の所産であることが理解できますし、マスメディアが醸し出すあまり根拠のなさそうな「流行」や「時代の流れ」も相対化できます。そうすればわれわれの精神構造はいつも会社人間の枠から自由度を保てると思います。


（鈴木主税訳、B6判、四二二頁、一九〇〇円、草思社）

渡辺利夫 拓殖大学学長

わたなべ・としお　昭和十四年生まれ。慶應義塾大学大学院博士課程修了。筑波大学教授、東京工業大学教授などを経て平成十七年より現職。経済学博士。著書「西太平洋の時代」「成長のアジア　停滞のアジア」「アジア経済読本」ほか。

『日本の反省』飯田経夫著

「豊かさに実感がない」などという言説が傲慢以外のなにものでないことを教えてくれる。

本の好みというのは人によってさまざまであるから、そしてまたそうでなければならないから、私は自分の読んだ本の中からあれがいいこれはよくないといったことを人にいうのはあまり好まない。自分でおもしろいと思ったものはできるだけたくさん購入し乱読してほしい。乱読の中からこいつはいいと思ったものがなにがしかの影響力をもつはずだ、といったことしか私にはいえない。

最近読んだ本の中で私に強い影響を与えたものを二つあげてみよう。こんな点で面白いという私の主張の中から私の読書の楽しみ方が伝わればと思う。

一つは、飯田経夫著『日本の反省』（新書判、二〇五頁、六六〇円、ＰＨＰ研究所）

である。この豊穣の時代にあって「豊かさには実感がない」などと語って世を憂いてみせる言説がなお盛んである。開発途上国からすれば日本の豊かさは目もくらむようなものであって、そんな言説は傲慢以外のなにものでもない。それに、豊かになればなるほど豊かさの「限界効用」が減少していくというのは人間心理の真実なのではないか。この程度のことがわからぬはずもないオピニオンリーダーたちが「豊かさには実感がない」などと臆面もなくいいつのるのは、要するにそういう類の論評がこの日本では受けがいいからなのであろう。

こういういかがわしき言論を一貫して衝いてきた少数意見の論客が飯田経夫氏である。市場開放、内需拡大、規制緩和などは日本がみずからの発意で打ち出した政策ではなく、多分に外（アメリカ）からの思慮を欠いた居丈高の圧力によってもたらされたものにほかならない。そうであれば内需拡大がバブルを誘発して、その崩壊が日本を打ちのめし、市場開放がアメリカの対日収支になにほどももたらさなかったとしてなんの不思議もない、というわけである。かまびすしい規制緩和論もまた、そうした議論のやきなおしなのではないかと飯田氏は推量する。

主張は実に的を射たものであって、読者の多くもなるほどと肯くにちがいない。

それでもなおこうした論調が一般化する気配がまるでないというのであれば、問われるべきは日本をおおう画一的な反体制的なセンチメントだということになろう。飯田氏が本書でいちばん表出したかったことは、日本の世論のこの画一性への苦々しき思いなのであろう。

もう一つはジエンイン・チャ（査建英）著『新北京物語』（服部健司訳、B6判、三四五頁、二三四二円、時事通信社）である。中国のポップカルチャー（大衆文化）を担うジャーナリストや企業家たちの北京天安門事件後の苦渋に満ちた思想と行動を、彼らとの克明なインタビューを通じて説き明かした秀作である。「社会主義市場経済」という相克のスローガンを国是とする中国社会にあって揺れつづける知識人の心の陰影を、その襞まで描きだす著者の筆力には尋常ならざるものがある。丹念な翻訳の効果もあって哀しい叙事詩的な中国文化論に仕上がっている。

「中国で起きているのは、東欧やロシアで起きたような人の心を高揚させる劇的な旧政権崩壊ではなく、緩慢でなだらかで支離滅裂な旧体制の炉心融解である」と著者はいう。

鄧小平時代の改革・開放政策の展開により、旧来の重苦しい社会状況は一変し、公然たる党批判でもしないかぎりはたいていのことは「お目こぼし」とあって、中国の大衆文化は再興の過程にあった。この状況を大きく反転させたのが天安門事件であった。事件後に残されたのは虚ろな疲労感とシニシズムであり、文化的共同体はバラバラとなって、その代わりにとめどもないコマーシャリズムが中国をおおうようになった。中国の経済成長とは天安門事件後の政治的・社会的シニシズムの帰結だというのが査氏の判断であるが、この判断は現在の中国社会の真実を巧みに衝いている。

いったい中国はどこに向かうのか、という著者の吐息が聞こえる。カオスは国家解体をもたらす危険性があるが、他面、旧秩序を崩壊させて新社会創造のエネルギーをつくりだすのもカオスである。砂のようにとめどなく流れる中国社会の現状を眺めて著者は新文化創造への期待をそこに読み取ろうとするが、どうにもそれが果たせないもどかしさをも表明している。しかし私は、中国社会を怜悧にみつめて真摯な文体をもって発言する著者のような人材が存在しているという事実、それ自体の中に中国の将来の明るい一点を感じ取りたいのである。中国のことは、やはり中国の第一級の書き手から学ぼうではないか。

山根貞男
映画評論家

『映画監督　山中貞雄』加藤泰著

だれであれ、山中貞雄、加藤泰の映画を知らないでいたら、大きな損失である。その人は不幸である。


多感な青春期に加藤泰の映画にめぐりあわなかったら、その人は不幸である。

いや、話はなにも映画ファンにかぎったことではない。映画ファンを自認しながら、加藤泰の映画をみたことのない人がときおりいるが、それは論外というもので、ただ哀れに思うほかない。いま断言したいのは、そうではなくて、だれであれ、加藤泰の映画を知らないでいたら、大きな損失になるということである。逆にいえば、加藤泰の映画は、見る者をかならずや幸福にしてくれる。

加藤泰は戦後の約三十年間、劇映画の監督として、さまざまな映画を撮ってきた。時代劇、やくざ映画、戦争活劇、喜劇、人情ドラマと、ジャンルは多様なが

やまね・さだお　昭和十四年生まれ。大阪外国語大学仏語学科卒業。新聞、雑誌、書籍の編集者、映画批評誌「シネマ」の編集発行に参加ののち現職。平成十三年より東海大学教授。著書「活劇の行方」「マキノ雅弘―映画という祭り」ほか。

ら、そのすべては青春の熱い血を描く点で共通している。核心はつねに男と女の関係にあって、男と女の出会いと愛と別れを激しく美しく表現することにこそ、加藤泰の独壇場がある。そこで注目すべきは描写それ自体の若々しさで、どの映画をみても、画面のあらゆる細部がみずみずしい。加藤泰の映画には、ジャンルや題材の別を越えて、表現としての青春の息吹がみなぎっているのである。

もう少し以前、戦前から戦中にかけて、山中貞雄という映画監督がいた。残念ながら作品はわずか三本しか現存していないが、この三本がいずれも飛びきりの傑作で、しかもまさに青春の熱い血のたぎった映画である。これもまた、一本もみていなかったら不幸といわねばなるまい。

山中貞雄の映画が若々しいのは当然のことで、それらはみな、青春真っ只中の二十代に撮られている。山中貞雄は一九三二年に監督としてデビューし、一九三七年までに計二十四本の映画を撮って、スクリーン上で天賦の才を縦横に発揮したあと、一九三八年、中国戦線で病死した。二十八歳と十ヵ月という若さであった。その早すぎる死からみるなら、山中貞雄の映画はすべて青春の遺書にほかならないともいえるのである。

加藤泰著『映画監督 山中貞雄』（四六判、三四六頁、二八〇〇円、キネマ旬報社）は、その夭逝した天才監督の評伝である。

じつは加藤泰は山中貞雄の甥で、その縁から映画界にはいった。この本も、山中貞雄の下宿に少年加藤泰が転がり込むところから書きはじめられている。そして、肉親だからこそわかる山中家の模様をつづり、少年山中貞雄がそのなかでどのように成長したあと、やがて映画の世界にはいり、助監督、シナリオライターとしての活躍を経て、弱冠二十二歳で監督第一作を撮り……という華々しい映画歴と生涯をつぶさに語ってゆく。

山中貞雄の活躍した一九三〇年代は、日本映画の黄金時代であった。戦後の一九五〇年代にも日本映画はめざましいばかりの隆盛をみせたが、作品の多彩さといい、輩出した才能の輝かしさといい、一九三〇年代にはそれをはるかに上回る豊かさがみられた。歴史の流れからいって、当時の日本映画はまさに青春を謳歌していたのである。

加藤泰は山中貞雄像をそうした時代のなかにおき、いわば山中貞雄の青春と日本映画そのものの青春を重ね合わせる形で、評伝をつづってゆく。たとえば小津安二郎との友情を描いた部分だけをみても、青春と映画の結びつきが感動的に浮かび上がって、読む者の心を熱くせずにはおかない。あるいは、稲垣浩や滝沢英輔らと結成した映画作家集団「鳴滝組」での交友関係のさまは、若さゆえのばかばかしいほどの放埒ぶりも含め、映画がいかに人間関係の坩のなかで生まれるかを、ひしひしと訴えてくる。

山中貞雄の映画は、そんな時代と仲間のなかでこそ比類ない輝きを結晶させることができた、と、そう加藤泰の本はいう。

このことは、じっさいに山中貞雄の映画をみれば、よくわかる。先述したように作品は三本しか残っていないが、笑いに弾む異色時代劇「丹下左膳余話・百萬両の壺」(一九三五)にも、男心を闘いで爆発させる「河内山宗俊」(一九三六)にも、悲しみあふれる遺作「人情紙風船」(一九三七)にも、ある時代のある人々の若さが、なまなましく豊かに絶妙に息づいている。

これら三本は、堅苦しい〝芸術作品〟などではまったくなくて、あっけらかんとした娯楽映画である。観客をもてなす(エンタテイン)心のもと、真正のエンタテインメントとして撮られることによってこそ、みごとに高度な表現を達成し、映画ならではの官能的な美しさを実現している。それはつまり、青春の官能性の輝きにほかならない。

加藤泰は同じ心でこの本を書いた。それゆえ文章が若さで躍っている。まるで素敵な活劇のように、とでもいえようか。

その加藤泰もこの本の刊行の直前、六十八歳で世を去ったが、ここには、山中貞雄や加藤泰の映画と同じく、青春の官能性が永遠の輝きを放っている。

新《しん》入《にゅう》社《しゃ》員《いん》に贈《おく》る一《いっ》冊《さつ》

編者◆
経団連出版

発行◆平成 2 年11月20日第 1 刷第 1 刷
発行◆平成27年 1 月 1 日第 8 版第 1 刷

発行者◆
讃井暢子

発行所◆
経団連出版
〒100-8187 東京都千代田区大手町1-3-2
経団連事業サービス
電話◆[編集]03-6741-0045 [販売]03-6741-0043

印刷所◆精文堂印刷

ISBN978-4-8185-1407-2 C2034